Thilo Bock

DICHTER ALS GOETHE

Thilo Bock
DICHTER ALS GOETHE

HEILIGENLEGENDEN UND
GESCHICHTEN AUS SPASS

THILO BOCK

wurde 1973 in Berlin geboren. Er liest und singt regelmäßig, wo man ihn läßt, und ist Gastgeber der Randkulturveranstaltung »Dichter als Goethe«. Seine beiden Romane heißen »Die geladene Knarre von Andreas Baader« (KiWi: 2010) und »Senatsreserve« (Frankfurter Verlagsanstalt: 2012). In seiner Freizeit macht er Bastelarbeiten. Neuigkeiten und Termine unter www.thilo-bock.de.

Thilo Bock verwendet die alte Rechtschreibung.

1. Auflage September 2013

© Satyr Verlag Volker Surmann, Berlin 2013
www.satyr-verlag.de

Cover-Montage: Susanne Bax
(unter Verwendung eines Fotos von Kramografie – Fotolia.com)
Druck: CPI Moravia
Printed in Czech Republic

Die Deutsche Nationalbibliothek verzeichnet diese Publikation in der Deutschen Nationalbibliografie; detaillierte bibliografische Daten sind im Internet abrufbar über: http://dnb.d-nb.de

Die Marke »Satyr Verlag« ist eingetragen auf den Verlagsgründer Peter Maassen.

ISBN: 978-3-944035-14-7

INHALT

Vorweg

1. Die Strapazen des Sozallebens

11. Berliner Weiße mit Knall

III. Nichts, was schwerer ist als Luft

Zugabe

Meinem Publikum

VORWEG

Schlafanzugsingsang

Es ist vierzehn Uhr,
und ich habe noch immer meinen Schlafanzug an,
und ich weiß nicht mehr, wann
ich zum letzten Mal früh aufgestanden bin.
Also so richtig früh aufgestanden bin,
und nicht erst um neun.
Und das, was ich trage, geht nicht mal als Schlafanzug durch.
Wenn jetzt jemand klingelt ...
Wer sollte denn klingeln?
Und der Postbote kennt meinen Aufzug ja schon,
und ich bin nun mal der einzige im Haus,
der Pakete für die Nachbarn annimmt.
Ich selbst bekomme keine Post,
nur Rechnungen,
aber die wandern gleich in den Müll.

Es ist vierzehn Uhr drei,
und ich habe bereits zwei Lieder und einen Roman,
na ja, angefangen, vielleicht setze ich mich
nachher noch mal dran.

Ich weiß jedoch nicht, ob sich das wirklich lohnt.
Kann sein, daß ich nachher eine bessere Idee,
kann auch sein, daß ich einfach auch nur Hunger krieg.
Blöd ist bloß: Ich hab dann ja noch immer meinen
Schlafanzug an.
Das ist eher 'n alter Schlüpfer und ein T-Shirt,
auf dem steht: *Spiegelleser wissen mehr.*
Wo hab ich das eigentlich her? Ich hab sogar drei davon.
Ich weiß es nicht mehr.
Ich bin ja gar kein Spiegelleser,
und ein Spiegelgucker bin ich auch schon lange nicht mehr.
Kaum auszuhalten, wie jämmerlich ich heute wieder
aussehe!

Es ist vierzehn Uhr fünf,
und ich bekomme langsam
kalte Füße.
Nicht metaphorisch gesehn,
ich habe nämlich schlichtweg keine Socken an.
Sondern lediglich meinen alten Schlafanzug.
Am besten wär, ich legte mich wieder hin.
Unter der Decke wird mir sicher schnell wieder warm.
Praktisch, daß ich immer noch meinen Schlafanzug ...
Und ich habe ja heute eigentlich schon genug getan.
Immerhin zwei Lieder und einen
neuen Roman,
natürlich nur angefangen,
doch mit Anfängen fängt selbst Großes an.
Bloß ich selber habe ...
Na ja, egal, es gab mal eine,
die wollte mir sogar den noch ausziehen.
Vielleicht rufe ich mal bei der Tina an.

Es ist vierzehn Uhr sieben,
und ich habe soeben einen Korb bekommen.
Keinen richtigen Korb so mit Früchten drin.
Das wär ja mal was. Dann hätt ich wenigstens was,
um meinen Hunger zu stillen.
Und Hunger habe ich.
Deshalb müßt ich mal los und ging ich ja auch,
hätt ich nicht noch immer meinen ...
Ach, mir ist alles schnurz, und es ist ja nicht der erste Korb,
schon gar nicht von dieser einen bestimmten Frau.
Als ich ihr sagte: »Du Tina, ich habe nur ...«
hat sie gesagt, ich soll mir erst mal einen richtigen Job.
Dabei habe ich doch heute immerhin bereits
einen Roman ...
Na ja und überhaupt, was geht das denn die Tina an?

I. DIE STRAPAZEN DES SOZIALLEBENS

Besonders harte rhetorische Mittel

Ich warte an einer Haltestelle. Neben mir hängen zwei unschein-
bare Mädchen auf den Sitzen wie leere Plastiktüten. Vielleicht
kommen die aus der Jugendherberge auf der anderen Straßen-
seite. Beide sind mit ihren Mobiltelefonen beschäftigt. Offenbar
schreiben sie sich gegenseitig Nachrichten. Ein weiteres Mädchen stößt dazu. An ihrer Oberlippe klebt etwas Glänzendes.
Das Haar ist dunkelgefärbt, kinnlang. Höchstens sechzehn,
glaubt sie garantiert, älter auszusehen. Sie fängt einfach an zu
erzählen. Ob die beiden anderen Mädchen zuhören, ist fraglich,
sie starren zumindest unverändert auf ihre Smartphones. Na ja,
ich bin ja da. Ich habe keine Lust, mir irgendein Teeniegetröt
anzuhören, aber ein Entrinnen gibt es leider nicht.

»Hier das Piercing, das hab ich mir gestern selber gestochen«,
so ihre ersten Worte. »Meine Oma hat ja gesagt, wenn ich mich
piercen lasse oder ’n Tattu mache, enterbt sie mich. Na und? Gibt
sowieso nix zu erben. Okay, klar, das Haus, nur wer will schon
so ’ne alte Hütte, ist bestimmt hundert Jahre alt, und dann wohn
da noch so blöde Leute drin. Und als ich meiner Mutter das gestern am Telefon gesagt habe, also das mit dem Piercing, ist die
total ausgerastet, meine Güte, ich kann was erleben, wenn ich

nach Hause komm. Dabei ist das doch echt 'n cooles Teil oder nicht? Jedenfalls, ich hab dann meinen Vater angerufen, und der wußte bereits Bescheid. Unfaßbar! Hat die den echt angerufen, dabei sprechen die seit dreizehn Jahren nicht mehr miteinander! Könnt ihr das glauben? Bloß weil ich ein Piercing habe! Das hat nicht mal richtig was gekostet. Regt die sich so auf! Ich mein, ich bin immer 'n braves Mädchen, echt mal, ich tu alles, was meine Mutter sagt. Ich geh zum Klavier, ich geh zum Gesang, ich geh zum anderen Gesang, ich geh zu Pilates, ich geh zur Scheißwirbelsäule, ich nehm keine Drogen, ich geh nicht auf Partys, nur wenn ich bei meinem Vater bin, und da kriegt die das nicht mit. Ich bring nie Jungs mit nach Hause, ich geh immer zu denen. Meine Mutter kann mal heimfahrn, ich tu echt alles für die.«

Plötzliche Pause. Ich will gerade zu dem Mädchen gucken. Wäre ja möglich, daß die aufgrund ihrer Logorrhö spontan verschieden ist. Zur Salzsäule erstarrt wegen Sprechdurchfall. Derartiges würde ich gern einmal als Schlagzeile an den Kiosken lesen: »So straft nur der Herrgott: Jaqueline (15) wegen Dauerlaberei versteinert. Eltern fassungslos: ›Mit uns hat sie nie gesprochen.‹«

Leider hab ich mich zu früh gefreut. Es gibt eben keinen gerechten Gott. Sieht man ja an den Talkshows. Ansonsten wären selbst Übertragungen aus dem Bundestag spannend. Wen erwischt es diesmal? Kommen die Bubis von der FDP erneut mit dem Schrecken davon, vielleicht mit einer verdorrten Hand?

»Hey, was schreibste da?« Das Piercingmädchen hat die Sprache wiedergefunden. Bloß mit wem spricht sie? Meint sie eine der SMS-Schreiberinnen? Jetzt muß ich wirklich zu ihr schauen.

»Brauchst nicht so unbeteiligt gucken!«

»Bitte was?« Die Schnalle redet tatsächlich mit mir!

»Ich mach mir hier lediglich Notizen!«

»Du schreibst mit!« Ihre Augen funkeln, und zwar stärker als ihr Piercing.

»Nein, ich hatte gerade 'ne Idee für einen Text.«

»Sag ich ja«, sagt sie. Die beiden anderen Mädchen kichern.

»Nee, hast du nicht!«

»Klar. Du siehst aus wie so 'n Künstler, der nie eigene Ideen hat und deshalb mitschreibt, was andere erzählen.«

Ich fühle mich durchschaut. Das hätte ich der Göre gar nicht zugetraut. Und gleichzeitig fällt mir auf: Die duzt mich die ganze Zeit! Einerseits irritiert es mich durchaus, von Jüngeren mit »Sie« angesprochen zu werden, sogar von Leuten, die eher alternativ daherkommen, lange, verfilzte Haare, Kutte, kaputte Jeans, Chucks und so, und dann fragen: »Ey, haben Sie mal 'ne Kippe, bitte?« Aber das Piercingmädchen?! Ich bin über zwanzig Jahre älter als die. Ich könnte ihr Vater sein. Oh Gott, allein die Vorstellung! Mit Anfang zwanzig ein Kind gezeugt, mich mit dessen Mutter elendig verkracht, seit dreizehn Jahren kein Wort mit der gewechselt, und eines Tages ruft sie mich an und erzählt, daß unsere Tochter ein Piercing hat. »Na und?« wäre eine mögliche Antwort, »in dem Alter haben die das heutzutage doch alle!«

»Ist ja wieder typisch«, würde es mir aus dem Hörer entgegenkeifen. »Du hast einfach kein Verantwortungsbewußtsein, mit so einem Piercing verbaut sie sich ihre Zukunft.«

»Wo ist denn dieses Piercing?«

»Keine Ahnung, ich hab sie ja noch nicht gesehen.«

»Dann ist es irgendwo sichtbar. Brüste, Bauchnabel, Vagina, das müßte sie dir ja nicht erzählen.«

»Du bist wieder unmöglich. Sie ist deine Tochter! Da darfst du an so was nicht einmal denken!« schreit mir meine eingebildete Exfrau ins Ohr. Bevor sie aber den Hörer irgendwo hinknallen kann, verdrängt eine äußere Stimme ihre innere aus meinen Gedanken: »Hallo, jemand zu Hause?«

Meine Nichttochter glotzt mich fragend an. Und die anderen beiden Mädchen hängen auch nicht länger über ihren Handydisplays. »Bist du irgendwie gestört?«

»Keinesfalls«, sage ich. »Ich hab bloß gerade mit deiner Mutter gesprochen. Sie weiß ja noch gar nicht, wo du dein Piercing hast.«

»Ey, Alter, was läuft denn bei dir für 'n Film?«

»Okay, ja«, ich geb's einfach zu, »das, was du erzählt hast, war beim besten Willen nicht zu überhören. Wobei, frag mal deine Freundinnen. Die haben dir bestimmt kein Stück zugehört. Also sei froh, daß ich ein Ohr für dich übrig hatte.«

Das Piercingmädchen macht große Augen und wendet sich den anderen beiden zu. »Ihr habt mir nicht zugehört?«

»Was?«

»Natürlisch ham wa zujehört, isch schwöre.«

»Ach ja, und was hab ich erzählt?«

»Na«, sagt die eine, »was mit deiner Mutter, hat der Typ doch gerade gesagt.«

»Daß deine Mutter jetze 'n Piercing hat. Was hast du da eigentlisch an deiner Lippe? Voll häßlisch!«

»Was seid ihr 'n für Arschkinder?«

In diesem Moment kommt der Bus. Als ich einsteige, schaut der Fahrer an mir vorbei. »Prügeln die sich?«

»Nein«, sage ich, »das ist lediglich ein Gespräch unter Mädchen mit besonders harten rhetorischen Mitteln.«

»Aha.« Der Fahrer nickt und setzt den Blinker.

Freizeit ist ein anderes Wort
für unbezahlte Mehrarbeit

Ich habe meine Fenster geputzt und dabei ganz neue Erkenntnisse gewonnen. Seit wann ist das Haus gegenüber grün? Erstaunlich. Hat sich ja gelohnt, direkt nach dem Wachwerden Hausarbeit anzugehen. Dabei ist Sonntag. Wer am Sonntag arbeitet, in seiner Freizeit also, hat nicht genügend Hobbys. Wie ich neulich beim Fernsehen erfuhr, haben die Zuschauer des RBB die Modelleisenbahn auf Platz eins ihrer liebsten Freizeitvergnügungen gewählt. Modelleisenbahn? Liebstes Freizeitvergnügen? Okay, S-Bahnfahren macht nur noch wenigen Spaß. Mit Miniaturzügen ist man eindeutig sicherer unterwegs.

Ich setze mich ja gerne nachmittags auf die Bank eines Umsteigebahnhofs und beobachte die Leute beim Drängeln und Hetzen. Kommt dann mal wieder eine Ansage, daß wegen einer witterungsbedingten Störung – vielleicht liegen zu viele Pollen auf den Gleisen – die Züge der Berliner Ringbahn derzeit über Hamburg-Altona umgeleitet werden, vielen Dank für Ihr Verständnis, gucke ich in die Gesichter der gestreßten Menschen und ergötze mich an ihrer Verzweiflung. Mehr Drama gibt es weder im Deutschen Theater noch zu später Stunde bei einer dieser schmierigen Castingshows, wo keine echte Emotion gezeigt, sondern die Geduld

psychisch labiler Jugendlicher auf die sprichwörtliche Folter gespannt wird, wobei es letztlich egal ist, ob es um das Ergebnis
eines Publikumsvotums oder eines Vaterschaftstests geht.

So was schaue ich nicht mehr. Das Fernsehen hat viel mehr zu bieten! Zum Beispiel diesen untersetzten Österreicher, der in einem
fort Messer vertickt und demonstriert, was sich damit so alles
schneiden läßt: Brot, Käse, Tomaten, Kabel, Nägel, Finger – der
helle Wahnsinn ist das. Bei dem Mann kann ich unmöglich weg-
schalten. Besonders wenn ich ramponiert von den Strapazen des
Sozialslebens mal wieder allein heimgekehrt bin, versöhnt mich
so eine Messerverkaufsshow mit der Welt. Die Spannung hält bis
zum nächsten Morgen an. Ich wache auf und hoffe, erfolgreich
Widerstand geleistet zu haben gegen die kleine Hausfrau in mir
drin – ui, das ist ja total praktisch! – und daß mir keins der tollen Messersets demnächst zugestellt wird. War 'n prima Angebot, man kriegt sogar ein zweites Set gratis dazu, was man auch
braucht, durchtrennt man ständig Kabel und Nägel und Finger.

Apropos: Neulich las ich von einem Studenten, der einen Obdach-
losen in seiner eigenen Wohnung ermordet und dann zerstückelt
hat, weil er nicht wußte, wie er die Leiche sonst wegschaffen soll.
Ob der zwei dieser Messersets besessen hat? Oder wie hat er das
gemacht? Einen Fleischwolf oder so was Extravagantes wie eine
Moulinette wird er ja wohl kaum besessen haben, und wenn doch,
muß das 'n ziemliches Geraffel gewesen sein. Ist ihm auch nicht
gelungen, den Mord komplett zu vertuschen. Dafür braucht man
ein Profigerät, so 'nen Cutter wie beim Metzger. Wie viel Mensch
ein durchschnittlicher Wurstesser wohl in seinem Leben unwis-
sentlich verzehrt, bloß weil in der Wurstwarenfabrik Mörder tätig
sind? Das müßte das perfekte Verbrechen sein.

All dies geht mir durch den Kopf, während ich wieder rausgucke.
Erstaunlich, was so 'n geputztes Fenster bringt. Hätt ich auch
schon vor acht Jahren drauf kommen können. Und daß das Haus
gegenüber tatsächlich grün ist – ich kann's immer noch nicht fas-

sen. Manchmal bin ich der kleinen Hausfrau in mir drin wirklich dankbar. Mein Verstand hat verdrängt, daß man kalte Füße verhindert, indem man Socken anzieht, die Fensterscheiben aber sind so sauber, als seien sie gar nicht vorhanden.

Draußen ist es endlich wieder schön, meistens jedenfalls. Frühling und so. Wer jetzt kein Fahrrad hat, sollte sich schnell eins klauen gehen. Blöd ist bloß: Die gemeinen Radfahrer schließen die Dinger alle an! Um die loszubekommen, bräuchte man eins dieser Spezialmesser. Neulich hab ich mich total geärgert. Da stand ein Fahrrad, das sah so aus, als müßte es eigentlich meins sein, doch das Schloß war massiv, also im Grunde genommen mehr Burg als Schloß, keine Chance. Ich wollte das nicht auf mir sitzen lassen, bin flugs in den nächsten Heimwerkerfachmarkt und hab mir da mal was gekauft. Ein Fahrradschloß nämlich. Damit konnte ich das Rad, das eigentlich meins sein sollte, ein zweites Mal am Laternenpfahl befestigen. Dazu hab ich ein Bekennerschreiben gebastelt und drangehängt: »Dieses Fahrrad ist entführt, wir werden es erst wieder freigeben, wenn Sie einen Umschlag mit zehn unnumerierten Geldscheinen auf dem Gepäckträger deponieren, gezeichnet Kommando Lance Armstrong.«

Am nächsten Tag kam ich zur Kontrolle. Und was soll ich sagen? Das Fahrrad war weg! Mein Schloß dagegen lag auf dem Pflaster – durchgeschnitten. Derart blinde Gewalt macht mich gelinde gesagt fassungslos.

Genauso wie mich junge Frauen gelegentlich fassungslos machen. Vor allem wenn sie nackt ins Zimmer kommen. Stimmt, da war ja was. Lieblingsfreizeitaktivität: Mädchen kennenlernen. Leider eine zumeist einseitig gelagerte Beschäftigung. Nur manchmal klappt's wohl doch. Wie konnte ich das vergessen?

»Was *machst* du hier?« Sie wirkt irritiert. Das ist der Trick. Frauen wollen Männer, die sie überraschen.

»Ich konnte nicht mehr schlafen.«

»Und deswegen putzt du die Fenster?«

»Ja. Ist echt erstaunlich, was man plötzlich so alles sieht.«

Wobei die Anwesenheit einer unbekleideten Frau einem Zimmer auch ein anderes Aussehen verleiht. Es wirkt gleich viel mädchenmäßiger. Selbst die Wände erstrahlen in einem leichten Rosaton. Und die Diddl-Maus auf dem Sofa – wo kommt die denn her? Sowieso das Sofa! Liegt das am geputzten Fenster, daß ich das zum ersten Mal wahrnehme?

»Du bist echt komisch«, sagt die Frau, die sich endlich was anzieht – meinen roten Bademantel. Wobei, war der nicht viel kürzer und braun? »Erst schläfste ein anstatt mit mir, und dann putzt du meine Fenster.« Sie lacht. »Das ist mir echt noch nie passiert.«

»Moment mal!« Ich betrachte die Situation genauer. »Das ist gar nicht meine Wohnung, oder?«

»Was bist du denn für 'n Freak?« Sie läßt sich neben die Diddl-Maus fallen. »Als du unbedingt mitwolltest, wegen meiner zwei neuen Messersets, hatte ich das für 'ne ausgeklügelte Anmache gehalten.«

»Ach ja, die Messer! Hab ich mir die überhaupt ...?«

»Mann Mann Mann«, sie verdreht die Augen, »hast du nicht gesagt, du bist Freizeitprofi?«

»Kann sein, ja.«

»Jedenfalls hast du die Messer erschöpfend betrachtet, und zwar so sehr, daß du darüber eingeschlafen bist.«

»Am Tisch?«

»Mit dem Gesicht im Messerkasten. Gestern hattest du noch keinen Tomatenmesserabdruck auf der Stirn.«

»Tomatenmesser?« Ich taste meine Stirn ab.

»Und warum um Himmels willen putzt du meine Fenster?«

Gute Frage, denke ich, will mir aber keine Blöße geben. »Das war ja wohl total nötig«, sage ich daher. »Zum Beispiel dieses Haus da drüben, wußtest du, daß das grün ist?«

»Wie jetzt?« Sie steht auf. »Da steht ein Haus?«

Kindererziehung ist ein Chapter für sich
Eine Reportage von der Kitafront

In der Kindertagesstätte »Hotzenplotz« ist mal wieder der Teufel los. Der kleine Igor hat der noch viel kleineren Chantal soeben die fristlose Kündigung ausgesprochen. Das will diese natürlich nicht akzeptieren, sie wehrt sich kratzend und beißend. Der kleine Igor fühlt sich daher genötigt, Chantals Kaufmannsladenfiliale unverzüglich dichtzumachen. Um das zu unterstreichen, stößt er das Regal mit den Reinigungsmittelattrappen aus Holz und Plastik um. Ihre Kita-Kameraden Melanie, Emma und Justin fangen an zu krakeelen. Ungeduldig stehen sie bereits Schlange, um vom reduzierten Ausverkauf zu profitieren.

Höchste Zeit für Erzieher Ludger einzuschreiten. Der zweiundvierzigjährige bezopfte Zweizentnerriese trennt die Streithälse durch einen beherzten Griff in ihre Haare. »Ruhe!« schimpft er. »Sonst spielen wir Razzia. Aber sofort!« Das wirkt. Die Kinder sind schlagartig still. Razzia spielen sie nicht so gerne. »Razzia ist voll langweilig«, sagt Melanie, »und die Handfesseln tun echt weh.«

»Ich spiel lieber Türsteher!« ruft Justin dazwischen. Mit leuchtenden Augen erzählt er, wie es ihm kürzlich gelungen sei, die anderen stundenlang am Betreten der Toiletten zu hindern.

»Das war echt kraß. Die haben mich mit Bomben beworfen! Und da war nicht nur Wasser drin.« Beistand habe er dann von Paul bekommen. Der neben ihm stehende Junge mit den Sommersprossen nickt ernst. »Dein Bruder hat nicht immer recht«, sagt er, »aber er bleibt dein Bruder!«

»Ich liebe es, die Kids einzuschüchtern«, erzählt Ludger später bei einem Pausenjoint und kratzt sich am Vollbart. »Hätte früher nie gedacht, daß mir so 'ne Arbeit so viel Freude bereitet.« Sein Kollege, Glatzkopf Slavko, kommt hinzu und nimmt einen Zug von Ludgers Joint. Wie Ludger trägt auch er eine Lederweste. Lediglich die Abzeichen unterscheiden sich voneinander. »Noch letztes Jahr hätt ich unter keinen Umständen mit ihm einen geraucht«, sagt Ludger. »No way«, bestätigt Slavko. »Statt 'ner Kippe hätt ich dir höchstens drei Kugeln in den Kopf gedrückt.« Sie lachen heiser.

Daß die beiden ehemaligen Erzfeinde, wie viele andere Mitglieder von inzwischen aufgelösten Rockergangs, jetzt einträchtig Kinder erziehen, ist Verdienst deutscher Politik, damals eine glänzende Idee der Bundesarbeitsministerin. »Nach dem Verbot der Hell's Angels und der Bandidos standen hunderte Männer ohne Perspektive und vor allem ohne Motorrad da«, erklärt Ursula von der Leyen rückblickend, »ihnen sollte Mut zugesprochen werden, einen Neuanfang zu wagen.«

Der Plan ist aufgegangen. Viele Rocker ließen sich umschulen auf Mangelberufe wie hier in der Kinderbetreuung. Auch Kristina Schröder hat das Vorhaben von Anfang an verbal unterstützt. »Es ging ja nicht darum, jemanden in eine Umschulung zu pressen«, sagt die ehemalige Bundesfamilienministerin, »aber mir war klar, daß unter diesen lebenserfahrenen Herren viele mit Freude und Engagement ihre neuen beruflichen Chancen ergreifen wollten.«

Anfangs stieß die Ministerinneninitiative auf massive Kritik. Die kam vor allem von denjenigen, die sich wirklich auskennen. Von

einem »Schlag in die Magengrube« war da die Rede, von der fehlenden »inneren Haltung« umschulungswilliger Rocker. Denen wurde sehr oft mangelnde Kinderliebe und Unfähigkeit zur Selbstreflexion vorgeworfen. »Manche haben sogar behauptet, wir würden das nur tun, um an die scharfen Mamas ranzukommen«, Slavko spuckt aus und grinst. »Was soll ich sagen? Das stimmt natürlich.« – »Wobei«, wirft Ludger ein, »so scharf wie erhofft waren die meisten gar nicht, manche sind regelrecht kratzbürstig, weil sie Angst haben, wir würden ihre Brut verderben.« – »Dazu muß man sagen«, ergänzt Slavko, »der Ludger war vorher im Prenzlauer Berg. Gab ziemlichen Ärger, was?«
»Yo! Ein paar von den Kids haben Gebietsstreitigkeiten mit 'nem Kinderladen aus der Nachbarschaft angefangen. Ich mein, mehrere Clubs in einer Gegend, das geht halt nicht.«
»Sei froh, hier bei uns im Wedding gefällt's den Eltern, wenn wir ihre Kids gleich auf die rechte Bahn bringen.«
Auch in der Kindertagesstätte Hotzenplotz waren nicht alle Eltern auf Anhieb begeistert von den neuen Erziehern. Überzeugungsarbeit mußte geleistet werden. Fragt man die zwei, wie sie Skeptiker umgestimmt haben, grinsen sie vielsagend. Das anfängliche Akzeptanzproblem konnte abgebaut werden.
Karina R. ist eine von wenigen Müttern, die ihre negative Haltung nicht ablegen wollte und zudem mutig genug ist, sich öffentlich dazu zu äußern. Die alleinerziehende Unternehmensberaterin gerät rasch in Rage, spricht man sie auf ihre Erfahrungen mit umgeschulten Rockern an. »Sie müssen wissen, hinter jedem dieser Kerle steht ein ganzer Haufen. Ihre Clubs mögen ja aufgelöst sein, offiziell zumindest – ja, klar! Wir wurden regelrecht bedroht, nachdem wir dem Neuen beim Elternabend kritische Fragen gestellt und ihm seine empathischen Fähigkeiten abgesprochen haben. Am nächsten Morgen lag ein toter Karpfen auf dem Dach meines Porsche. Ein toter Karpfen! Das müssen Sie sich mal vorstellen!« Karina R. lacht höhnisch. »Vom Himmel

wird der wohl kaum gefallen sein. Der Wagen stand nämlich im Carport im fünften Stock. Da kriegt man es schon mit der Angst zu tun. Also, ich habe den Benjamin jetzt im katholischen Kindergarten angemeldet, wo ich früher auch war. Da weiß ich wenigstens, welche Art von Gewalt meinem Sohn droht.«

Ludger und Slavko können die ganze Aufregung nicht verstehen. Sie machen schließlich nur ihre Arbeit. In der Kita Hotzenplotz ist die Pause vorbei. Das Gezeter im Hintergrund wird unüberhörbar. »Ich glaub, wir müssen. Wenn du mal Hilfe brauchst, sag Bescheid!« Slavko zwinkert mir zu. »Warum lärmen die Kids eigentlich so?« will ich wissen. Wo ich doch zuvor mit eigenen Augen gesehen habe, wie die beiden ihre Schützlinge an der Sprossenwand fixiert und deren Münder mit Gaffatape verklebt haben. »Ach«, Ludger winkt ab, »nüscht Besonderes, das sind nur die ersten Mütter, die ihre Brut abholen kommen!«

Vor der Kita treffe ich auf den kleinen Igor. »Hey, Zivilist!« ruft er mir zu. »Lust auf geile Bräute?« Hinter ihm räkeln sich zwei aus der Krabbelgruppe lasziv im Gras, die Münder knallrot, die Augen dunkel umrandet. Sie mustern mich herausfordernd. Als ich die drei irritiert ansehe, setzt Igor nach: »Oder ist dir mehr nach Candy?« Er hält mir eine Handvoll Smarties hin. »Ich mach dir auch 'nen Einstiegspreis.«

Beeindruckend, wie sich der Einfluß männlicher Bezugspersonen positiv auf die Entwicklung sehr junger Menschen auswirkt! Diese Kinder lernen früh, mit den Anforderungen unserer Zeit umzugehen. Der von mir bereitwillig bezahlte Einstiegspreis erschien mir zwar zu hoch, aber ich wollte nicht diskutieren. Der Totschläger in der Faust des Jungen war ein durch und durch überzeugendes Argument.

Kinder, Kekse und Chlamydien

Neulich, als ich gerade einen kopfinternen Kampf mit einer Schreibblockade ausfocht, wurde ich Ohrenzeuge einer typischen Hinterhofkommunikation unter Kindern. Darf man Gespräche Minderjähriger mithören, ohne deren Eltern um Erlaubnis zu fragen? Besonders brisant war, daß sich die vier über ein nicht jugendfreies Thema austauschten. Wäre mir das auf Anhieb klar gewesen, hätte ich mir selbstverständlich sofort die Ohren zugehalten oder – besser noch – das leicht geöffnete Fenster zum Hof geschlossen, durch das ich ein bißchen frische Luft in meine Mansardenwohnung strömen ließ, in der ich mir seit Tagen und ohne Kontakt zur Außenwelt Gedanken machte. Die aber nutzten die Gelegenheit, sich an das im Hof aufkommende Gespräch zu klammern, welches so schön harmlos wirkte, solange die Jungs unter sich blieben und ein kinderspezifisches Thema diskutierten, weshalb ich es nur beiläufig verfolgte. Es ging um die sekundären Geschlechtsmerkmale einer neuen Kunstreferendarin, als plötzlich die Karen aus dem Vorderhaus auftauchte – für die Jungs wohl so was wie das Gegenteil zur Lehrkraft in Ausbildung. Karen nervte offenbar total und fragte zudem die Frage, die man als Kind nie anderen Kinder

stellen sollte: »Darf ich mitspielen?« Das ist wirklich das Aller-
letzte. So dermaßen erniedrigend. Schrecklich.

»Darf ich mitspielen?« Wie kann man bloß solch eine Frage stellen? Ich für meinen Teil habe darauf früher stets ein vielkehliges
»Nein!« geerntet. Heutige Kinder sind ja viel subtiler als die in
den frühen Achtzigern. Die sagen nicht einfach »Nein!« nein,
die rufen: »Hau ab, du lügst!« Und dann wird diskutiert.

»Du spinnst ja!« entgegnete Karen, und einer der Jungs sagte:
»Die hat bestimmt Chlamydien.«

»Hab ich gar nicht!«

»Woher willste das wissen? Oder warste schon mal beim Frau-
enarzt?« Das saß. Die Jungs lachten, und Karen war hörbar den
Tränen nah: »Ihr seid blöd!«

»Heul doch!« Auch eine früher eher selten artikulierte Aufforderung, der dafür um so häufiger Folge geleistet wurde. Damals
konnte man ja kaum mit Mädchen spielen, weil die entweder
geheult haben oder ihre Tage hatten. Letzteres kam vielleicht
auch erst später. Wahrscheinlich haben die Mädchen früher ausschließlich geheult, und wäre ich seinerzeit so feinfühlig wie
heute gewesen, hätte ich meine Doktorspiele nicht immer nur
mit Martin und Olaf von nebenan veranstalten müssen. Was gewiß meine Vorliebe für Urologie erklärt.

Heute aber heulen Mädchen nicht mehr. Das Privatfernsehen
hat sie hart gemacht. Dank diverser Gerichtsshows wissen sie,
daß sich Tatsachen durch Nachfragen überraschend relativieren.
Und Karen fragte knallhart nach: »Was sind denn diese, äh, diese Klakladingsda?«

Wir, die wir in einer Wissensgesellschaft leben, wissen allerdings auch: Es gilt längst nicht mehr, daß wer nicht fragt, dumm
bleibt. Manch einer outet seine Dummheit vielmehr auf Nachfrage. Und genau darauf wollte einer der Jungen heraus: »Was?!
Du weißt nicht, was Chlamydien sind?«

Also wirklich! Die dumme Kuh wußte nicht, was Chlamydien

sind. Sie gibt es sogar öffentlich zu. Die Kleine war gerade dabei, meine Sympathie zu erlangen. Obwohl sie ein Mädchen war.

Und sie legte nach, indem sie die Jungs frontal anging: »Ihr wißt, was das ist? Diese Klamühhhdien? Echt? Alle drei?«

»Äh ... Wir haben zuerst gefragt«, stammelte einer der Jungs, während sich ein zweiter um Schadensbegrenzung bemühte: »Natürlich wissen wir das.«

Und der dritte: »Wir sind ja keine Mädchen.«

Darauf wieder der zweite: »Nur Mädchen haben Chlamydien!«

Und der erste: »Ach, das sind Chlamydien!«

Und der zweite: »Echt? Dann hat jedes Mädchen Chlamydien?«

Moment mal. Worüber sprachen die jetzt? Chlamydien waren doch nicht ...?

»Meine Schwester hat welche. Hatse sich auf Ibiza geholt«, erklärte der, der das ganze Thema aufgebracht hatte. Ein anderer der Jungs fragte: »Wie? Man muß dafür nach Ibiza?«

»Glaub schon. Und man merkt auch nichts. Sagt jedenfalls meine Schwester.«

»Ach so!« schaltete sich wieder das Mädchen ein. »Ihr redet von dieser fiesen Geschlechtskrankheit, die die Schleimhäute im Genitalbereich befällt und zu Unfruchtbarkeit führen kann.«

»Woher weißte das denn?« Die Jungs waren baff. Und ich mit ihnen.

»Spiegelonlein! Darf ich also mit euch spielen?«

»Öh.«

»Ach nee.«

»Halt, halt! Lassen wir sie doch mitspielen!«

Was war nun wieder los? Nach ihrer letzten Ansage hätte auch ich nicht mit der Göre spielen wollen. Eine höchstens Zwölfjährige, die auf *Spiegel.de* Texte über Geschlechtskrankheiten las, war selbst mir suspekt. Derweil schlug der Junge von eben vor, Kekswichsen zu spielen. Die anderen beiden lachten.

»Au ja, Kekswichsen!«

»Was ist das denn? Kekswichsen?« wollte Karen wissen.

Die Antwort kam prompt. Kekswichsen sei Wichsen mit Keks.

»Und?« Karen ließ nicht locker. »Was ist Wichsen?«

»Das steht wohl nicht bei Spiegelonlein, wie?!« Die Jungen kicherten.

»Spielste jetzt mit?«

»Oder biste doch 'n Mädchen?«

»Mädchen können nämlich gar nicht wichsen.«

»Klar können Mädchen wichsen!« Das hätte ich an Karens Stelle auch gesagt, helfen konnte es ihr indes nicht mehr.

»Wetten, Mädchen können das nicht!«

»Was muß man denn machen?«

»Hier is 'n Keks. Auf den wichsen wir alle. Und wer als letzter trifft, muß den Keks essen.«

»Ist ja pipieinfach!« lachte das Mädchen.

An dieser Stelle schloß ich dann doch mein Fenster. Mit solchen mädchenverachtenden Spielchen wollte ich lieber nichts zu tun haben.

Das unaufhaltbare Dasein

Sie fragt, ob ich ihr ein Bier bezahle. Und ich sage nicht: »Bin ich das Sozialamt?« Ich sage auch nicht: »Sie verwechseln mich!« Und ich frage erst recht nicht: »Wer bist du denn?« Nein, ich wende mich Richtung Barmann und gebe der fremden Frau ein Bier aus. Zum Dank bekomme ich ein Lächeln ab. Manch einer muß mit seinem guten Namen bezahlen, eine wie sie macht so etwas mit einem Lächeln klar. Ein Lächeln, mit dem man seinen Kaffee süßen könnte. Ach was, Kaffee, das ganze Mittelmeer würde zu Sirup, wenn sie es nur lang genug anlächelte. Und ich bin längst ein Honigkuchenpferd.

Ich gebe ihr ein weiteres Bier aus, und sie fragt: »Hast du eine Badewanne?«

»Ja, wieso?«

»Wir könnten darin baden«, sagt sie. »Du und ich.«

»Jetzt gleich?«

»Ja. Ich hätte Zeit.«

Ich habe natürlich ebenfalls Zeit. Und so rufe ich ein Taxi, und dann sind wir vor meinem Haus, und ich bezahle die Fahrt, und wir gehen in meine Wohnung, und sie sagt: »Gefällt mir.« Und während ich nachgucke, ob im Kühlschrank Bier steht – ja,

Glück gehabt –, hat sie schon nichts mehr an. Und dann baden wir, so als hätten wir bereits dutzende Male zusammen in einer Wanne gesessen.

Später trägt sie meinen Morgenmantel und macht den Fernseher an, sagt, sie hätte jetzt Lust, was zu schauen. »Ganz schön spät inzwischen«, sage ich. »Bist du müde?« fragt sie, und ich lüge, wobei ich sowieso viel zu aufgedreht bin. Wir gucken eine amerikanische Serie, die ich nicht kenne. Sie genausowenig, meint aber, man sollte offen sein für das Unbekannte. »Das bin ich ja«, sage ich und denke, langsam wäre es mal Zeit, daß wir uns küssen. Sie jedoch dreht den Kopf weg und verfolgt konzentriert die auf uns einflackernden Bilder.

Ich erwache auf meinem Sofa. Draußen wird es langsam hell. Der Fernseher ist aus. Sie ist weg, denke ich. Dabei liegt sie in meinem Bett, nackt unter der Decke. Ich zwänge mich zu ihr und frage mich, worauf ich mich hier eingelassen habe. Ich betrachte die Frau neben mir und bin mit allem einverstanden.

Als ich erwache, duftet es nach Kaffee. Und ich liege wieder allein da. Diesmal sitzt die Frau am Küchentisch und liest. Das ist ja mein Tagebuch, denke ich. Und sage es. »Nicht gerade aufregend, dein Leben, was?« sagt die Frau, und ich muß mich erst mal setzen. »Keine Sorge«, sagt sie. »Jetzt hast du ja mich und hoffentlich nichts dagegen, wenn ich hier einziehe. Ich hab nicht viel Zeug. Ein paar Bilder an die Wände, und sofort fühl ich mich zu Hause.«

»Wie heißt du eigentlich?«

Seitdem wohnt Bärbel bei mir. Sie heißt nicht wirklich Bärbel. Ihren wirklichen Namen, sie meinte, früheren Namen, wollte sie mir nicht verraten, und ich durfte mir einen neuen aussuchen. Deswegen »Bärbel«. Ich hoffte, sie würde sich weigern, so genannt zu werden. Statt dessen nennt sie mich nun »Egon«. Sie sagt, das paßt zu mir. Und zu Bärbel.

Meine Freunde sagen, sie paßt zu mir. Da hätten sich ja zwei gefunden, und das glaube ich auch. So schnell scheine ich sie nicht zu verlieren. Denn Bärbel sitzt die meiste Zeit zu Hause und guckt fern. Wenn ich zur Arbeit gehe, hockt sie auf dem Sofa. Wenn ich zurückkomme, hockt sie wieder da. Und immer, wenn ich denke, das geht so nicht, lächelt sie mich an, und ich will nie mehr ohne sie sein. Deshalb schlage ich vor, sie zu heiraten. »Heiraten?!« Bärbel lacht. »Du willst ja nur, daß ich mit dir schlafe.«

»Ja«, sage ich, »das heißt nein. Um miteinander zu schlafen, muß man nicht gleich heiraten!«

»Ach ja.« Bärbel wirkt zum ersten Mal, seit ich sie kenne, verunsichert.

»War bloß 'ne Idee«, sage ich.

»Du bist nicht der erste, der mich das gefragt hat«, sagt sie, und ich bereue längst, es getan zu haben.

»Trotzdem bist du der erste, den ich wirklich gerne heiraten würde«, sagt sie.

»Aber?«

»Kein Aber.«

»Also dann!«

»Also dann!« Bärbel strahlt. Und zum ersten Mal dreht sie ihr Gesicht nicht weg, als ich sie zu küssen versuche.

»Ihr wollt was?« fragen meine Freunde. »Wie lange kennt ihr euch jetzt?«

»Zwei Wochen, das wißt ihr doch. Ihr meintet schließlich selber ...«

»Lydia und du haben auch prima zusammengepaßt.«

»Lydia war eine gesuchte Trickbetrügerin.«

»Was dich damals nicht gestört hat«, geben meine Freunde zu bedenken.

»Ich wußte es ja nicht«, sage ich, und mir ist klar, worauf sie hinauswollen. Da hilft kein »Bärbel ist völlig anders«. Über Lydia hatte ich das gleiche gesagt.

»Vielleicht solltest du Nachforschungen betreiben«, schlagen meine Freunde vor, »heutzutage reicht es oft, den Namen bei Google einzugeben.«

»Ich kenne ihren Namen nicht!«

Meine Freunde sind verblüfft: »Hast du nicht gesagt, sie heißt Bärbel?«

»Ja, und ich bin der Egon.«

»Was für'n Egon?« Meine Freunde lachen. Und ich gehe lieber zurück nach Hause.

Zu Hause sitzt Bärbel vor meinem Tagebuch. Diesmal liest sie nicht darin, sie schreibt etwas hinein. »Laß mich mal lesen«, sage ich, und sie klappt das Buch zu. »Das ist für später«, sagt sie, »wenn du mal wissen willst, wie dein Leben so war, nachdem du mich geheiratet hast.«

»Nachdem ich dich geheiratet habe?«

Bärbel nickt: »Das steht da alles drin.«

»Und du weißt das jetzt schon?« Ich lache.

Bärbel bleibt ernst: »Ich weiß so manches, was du nicht einmal ahnst.«

In dieser Nacht schlafen wir zum ersten Mal miteinander, und mir kommt es vor, als gelte nichts mehr von dem, was vorher war in meinem Leben. Ich finde diesen Gedanken kitschig, und er macht mir Angst. Und während Bärbel mit einem Lächeln im Gesicht neben mir einschläft, bleibe ich wach und das die ganze Nacht lang. Und als draußen die Geräusche des Tages immer lauter werden, beschließe ich, aufzustehen, mich anzuziehen und für ein Frühstück einkaufen zu gehen.

Ich komme zurück mit duftenden Tüten und Blüten. Bereits von weitem sehe ich, daß etwas nicht stimmt. Es ist sehr hell in meiner Straße, in deren Mitte etwas Goldenes steht, ein Auto, nein, da sind Pferde vorgespannt. Ich höre das Klappern der Hufe. Je näher ich meinem Haus komme, desto schneller entfernt sich die Kutsche.

»Was war denn das?« denke ich. Meine Nachbarn sind völlig aus dem Häuschen und zwar alle, sogar Menschen, die ich nie zuvor gesehen habe, stehen auf dem Bürgersteig und starren dem glänzenden Gefährt hinterher. »Ein Prinz!« sind sich meine Nachbarn einig. Ein Prinz sei da gewesen, ein Prinz wie im Märchen. »Einen Degen hat er getragen«, sagen die Männer. »Groß und schön war er mit wallenden Gewändern«, sagen die Frauen. »Was wollte er denn hier?« frage ich, und die Nachbarn schauen mich an, als sei ich ein Geist. »Er hat die Prinzessin geholt«, höre ich. »Er hat sie schlafend herausgetragen«, heißt es, »lediglich in einen Umhang gehüllt.«

»Das war eine Bettdecke«, sagt wer, ich aber achte nicht länger auf das Gerede. Vollgestopft mit Ahnungen stürze ich die Treppe hinauf. Kurz vor dem zweiten Stock liegt ein silberner Damenschuh. Ich hebe ihn auf und eile weiter.

Die Tür zu meiner Wohnung steht sperrangelweit offen. Im Korridor lasse ich die Tüten aus meinen Armen gleiten und haste ins Schlafzimmer. Ich wußte ja, daß es leer sein würde, trotzdem zieht die Gewißheit mir das Stehvermögen aus den Beinen, und ich falle aufs Bett. Ich hätte wissen müssen, daß so eine wie Bärbel, oder wie immer sie heißt, eine Prinzessin ist. Meine eine Hand umkrallt weiterhin den Schuh. Ob ich mich jetzt auf die Suche machen muß? Oder ist das albern? Ich bin schließlich kein Märchenprinz. In meiner anderen Hand die Blumen, nutzlos werden sie verwelken.

Wobei ...

»Sind die für mich?« Ich schrecke auf. Gegen den Türrahmen gelehnt steht Bärbel. Sie trägt meinen Bademantel und eine dampfende Tasse. »Alles okay?« fragt sie. »Übrigens«, sie kichert, »ich glaub, die drehen einen Film hier im Haus. So was mit 'nem Märchenprinzen, der in die Wirklichkeit gerät.«

»Echt?« Ich komme langsam wieder zu mir.

»Ja, hört sich so an, als ob der andauernd die Treppe hoch und runter hetzt. Ich hab extra die Tür offengelassen, damit ich in der Küche was davon mitkriege.« Bärbel lacht. »Ich glaub, denen ist irgendwie ein Schuh abhanden gekommen.« Sie setzt sich neben mich. »Den hast ja du! Hey, was ist eigentlich los mit dir? Du schwitzt ja!«

Ich lege die Blumen in Bärbels Arme. »Wann heiraten wir?« frage ich matt. Ihr Lächeln dagegen glänzt. »Ich dachte, wir haben längst«, sagt sie und gibt mir einen feuchten Kuß.

Der Hausvogelplatz
gehört zum Kuhdorf dazu

An einem frühen Samstagabend im Herbst steht er in der U-Bahn. U2 Richtung Pankow. Er ist groß, breitschultrig und schlicht, ein Typ ohne jeden Hintergrund, weder Bildung noch Migration. Der Inhalt seiner Flasche Bier hat offenbar bereits mächtig angeschlagen. Träge bewegt er sich gegen das Schaukeln des Zuges. Seine andere Hand umklammert ein Handy, aus dem laut etwas Musikähnliches dröhnt, Hiphop mit deutschen Texten. Einzelne Passagen spricht er dumpf mit, was die ganze Sache sogar fast erträglich macht. So kommt wenigstens etwas Baß dazu. »Deine Mutta füttat dich mit Buttakuchen, dabei biste in Wahrheit bloß ihr Muttakuchen. Und ihr echtet Jör is bei der Jeburt jeflüchtet, deshalb hatse aus dir 'nen Assi jezüchtet.«

Als wir, die Jugend von gestern, unseren Mitmenschen unsere Musik nahebringen wollten, mußten wir die Taschenkassettenspieler vulgo Walkmen volle Pulle aufdrehen und ernteten doch nur bedauernde bis mitleidige Blicke, vor allem von denen, die wußten, wie blöd es ist, sich ein Hörgerät ins Ohr zu rammen. Von unserer Musik haben die wenigsten was mitbekommen. Außer natürlich die Bässe. Denn Baß, Baß war Pflicht.

Und heute? Heute plärrt es allerorts. Schlimmer, als daß wir ihre

Musik hören müssen, ob wir wollen oder nicht, ist der Fakt: In Zeiten, wo jede Arschkrampe eine Dolby-Surround-Anlage an die PlayStation anschließt, damit die Schüsse und Schreie aus dem Egoshooter im ganzen Wohnblock die Pillendosen zum Vibrieren bringen, werden wir genötigt, uns die neuesten Aggroberlinuntergrundscheißböseböseraps aus Handylautsprechern anzuhören. Das ist meistens nicht mal Stereo. Selbst Opis Transistorradio klang besser! Und trotzdem: Wir ertragen es. Allein wegen schlechter Klangqualität möchte ich echt keine Bierflasche an den Kopf geschlagen kriegen, besonders nicht, wenn ich nüchtern bin. Also halte ich der Beschallung stand und nehme mir wie stets vor, auch mal was in den Speicher meines Telefons zu spielen. Vielleicht Stücke von Schönberg oder Hindemith. Oder von Udo Jürgens. Irgendwas Anspruchsvolles halt.

Glücklicherweise bricht die Musik plötzlich ab. Der Kerl bekommt einen Anruf. Für den er sich auf die Bank mir gegenüber wirft. »Wo biste denn?« fragt er den Anrufer. Von einer Anruferin wird er ja wohl kaum angewählt worden sein. Höchstens von Mutti, doch hoffe ich für ihn, daß die in diesem Fall nicht dran ist. »Na, ick bin Nollendorfplatz rinn, weeßt schon, ist in der Nähe vom Kuhdorf, Viertelstunde mittem Auto, und da ha'ick Durscht auf meene beeden Lieblingsbiers jekricht, uff Krombacher und uff Warsteiner.« In der Brusttasche seiner tarnfarbenen Jacke steckt tatsächlich eine Flasche Warsteiner, während die in seiner Hand auf den anderen genannten Markennamen hört. »Nee, okay, treffen wa uns! Und wo? Wieso? Ist doch voll warm, Mann.«

Eindrucksvoll, wie schnell Alkohol bei manchen das Kälteempfinden stört. Oder sind da noch mehr Warsteiner und Krombacher im Spiel gewesen? So dachte ich, während ich bemüht darum war, mir nichts anmerken zu lassen.

»Jut«, quabbelt der Typ weiter, »komm ick halt zu dir. Muß ick nur eenmal umsteigen. Warte. Ick bin«, er steht auf und studiert schwankend den Stationenstrahl über meinem Kopf, »Hausvoorelplatz«, er läßt sich wieder fallen, »da bin ick jetze. Kennste nich, Hausvoorelplatz? Kennt doch jeda, also vom Lesen. Nee, ohm bin ick nie jewesen. Wieso ooch? Wat sollick 'n da? Steigst du überall aus, bloß weil de kieken wüllst, wie's da ohm so is? Na, und Hausvoorelplatz, haste ma jehört, dit am Hausvoorelplatz wat wär, wo man hinjeht, so im alljemeinen?«

Das Gesicht meines Gegenüber wirkt überlegen, bekommt beim Zuhören aber einen bedenklichen Zug ins Überlegende, was nicht gerade vorteilhaft aussieht. Sollte man Mr. Hausvogelplatz per Gelegenheit mal verklickern.

»Is ma echt ejal«, mault er ins Telefon. »Keene Ahnung, wat 'n Hausvoorel so jenau is. Muß man dit wissen, nur weil et so 'n Platz hier jibt?« Er nimmt einen Schluck aus der Flasche und erzeugt dabei ein röchelndes Geräusch. Stutzig betrachtet er das braune Glas. Offenbar ist da hauptsächlich Luft drin und ein bißchen Spucke. Deshalb läßt der Halbwüchsige die Flasche einfach los. Mit einem Rumms geht sie zu Boden und bleibt erstaunlicherweise heile. Sie kullert durch den halben Waggon. Der Typ sieht ihr nach. Als er wieder aufguckt, treffen sich unsere Blicke. Sein Lächeln ist fast schüchtern. Dann zieht er die Warsteinerflasche hervor und wendet sich wieder der Stimme in seinem Telefon zu.

»Schätze mal, 'n Hausvoorel is so'n Piepmatz. Meene Omma hatte ooch mal eenen.« Er betrachtet den Kronkorken auf dem Flaschenhals, steckt ihn sich sogar kurz in den Mund, sieht aber davon ab zu versuchen, die Flasche aufzubeißen. Er nimmt das Handy vom Ohr, betrachtet es und betrachtet die Flasche. Er denkt nach. Man sollte ihm wirklich sagen, daß das unvorteilhaft aussieht. Aus dem Handy blubbert es indes fröhlich weiter. Dann trifft sein Blick erneut den meinen. Er nickt, als würde er mich grüßen, und streckt mir sein Telefon entgegen. »Könn Sie ma mit dem quatschen? Sonst krich ick dit Bier nich uff.«

Ich nehme ihm das Telefon ab, halte es mir ans Ohr und lausche. Eine leicht kieksige, frühmännliche Stimme faselt unbeirrt vor sich hin. »Ich mein, was macht man mit 'ner VISA Card, die einem nicht gehört? Und weil abends war, hätt er echt einen drauf machen können, bevor das Ding gesperrt ist. Das war ja 'ne VISA Card Gold. Die ist ja mit 'ner Mille versichert. Da schadeste nicht mal dem Besitzer. Doch was macht Kevin, der Spasti?«

Mein Gegenüber versucht derweil vergeblich, sein Bier mit einem Feuerzeug aufzuhebeln. Mehrmals flutscht ihm das Plastikteil aus der Hand. Vielleicht hätte er mir lieber das Bier geben sollen statt des Telefons. Die Stimme darin erzählt gerade, wie Kevin, der Spasti, erst am nächsten Tag in einen Laden gegangen sei, um die gefundene Kreditkarte auszuprobieren. »Und weißte, was der Idiot kaufen wollte? Da mußte ja was Großes holen. Soll sich ja lohnen. Und was macht der Schisser? Holt er sich 'ne Flasche Wasser! 'ne Schwuchtelflasche Wasser, und ...«

»Laß mich raten«, unterbreche ich ihn, »die Karte war bestimmt längst gesperrt, und Kevin, der Spasti, hat jetzt voll die Probleme am Hacken?!«

»Ja, aber ... Scheiße, wer sind Sie denn?« Die kieksige Stimme wird merklich kleinlauter.

»Hier ist die Doofenkontrollstelle. Wir überwachen stichprobenartig die Mobilfunkgespräche in diesem Land, und wer seine wertvolle Frequenz mit krassem Stuß volltextet, dem wird für vierundzwanzig Stunden die Verbindung gesperrt. Bei jedem, der trotzdem weiter telefoniert, verdoppelt sich die Zeit von Mal zu Mal.«

»Ey, was?« kiekst es am anderen Ende.

»Sie haben schon richtig verstanden«, sage ich und drücke den roten Knopf.

In diesem Moment gibt es einen Knall. Ich bekomme ein, zwei Spritzer ab. Mein Gegenüber glotzt mich erschrocken an. In seiner einen Hand hält er nur noch die obere Hälfte des Feuerzeugs, die andere ist quer durchs Abteil geflogen. Jemand ruft: »Hey, du hast se ja nich mehr alle!« Dem Halbwüchsigen vor mir läuft Benzin in den Ärmel. Erschrocken springt er auf. »Ihh, watten ditte, ey?«

»Benzin«, erkläre ich. »Es wird dir im Nu die Haut verätzen.«

Vor Schreck rutscht ihm die Flasche aus der Hand. Diesmal birst sie schäumend und klirrend auseinander. Schade um das schöne Bier, denke ich. Wobei, war ja bloß Warsteiner. Der Typ springt panisch und Arme fuchtelnd durch den Wagen, der gerade am Alexanderplatz einfährt. Hier muß ich sowieso raus.

Das Telefon gebe ich einem Punker am Treppenaufgang. »Und damit dir nicht der Saft abgedreht wird«, erkläre ich ihm, »mußt du lediglich jedem dir unbekannten Anrufer androhen, daß ihm lebenslang das Telefonieren verboten wird, wenn er wieder deine Nummer wählt.«

Mein Leben als Baum

Ich war ein wortkarges Kind. Weil ich mit meiner Schweigsamkeit Probleme auf dem Gymnasium bekam, bettelte ich zu Hause so lange, bis ich die Schule wechseln durfte. Nach einigem Hin und Her nahmen sie mich auf der Drei-Buchen-Schule, einer sehr traditionsreichen Baumschule. So wurde ich von einem Tag auf den nächsten das gesprächigste Kind der Klasse, ohne mehr reden zu müssen als zuvor. Bäume verständigen sich bekanntlich eher durch Blätterrauschen und Knarren. Fortan war ich nicht mehr der einzige, der in den Pausen schweigsam vor sich hin stand. Im Unterricht verhielt sich das kaum anders. Selbst die Lehrer hatten nichts zu sagen.

Als ich Jasmin von nebenan davon erzählte, wäre sie am liebsten sofort auf die Drei-Buchen-Schule gewechselt. Leider mochten Jasmins Eltern Bäume nicht besonders. Vor allem, solange sie quicklebendig waren und Grün an der Krone trugen. Jasmins Vater führte ein Sägewerk. Daß seine Tochter gemeinsam mit Wesen zur Schule ginge, die ihm früher oder später unter die Klinge kommen könnten, war für ihn unvorstellbar. Schlimmer noch: Er verbot Jasmin jeglichen Umgang mit dem Holzkopf von nebenan, also mit mir. Und das war voll blöd, das war sogar eine Katastrophe. Jasmin wäre meine erste große Liebe gewesen, wenn ich mich für Mädchen interessiert hätte. So war Jasmin lediglich – aber das ist ja auch was – der einzige Mensch, neben dem ich schweigend stehen konnte, ohne permanent vollgequatscht zu werden. Aufgrund einer schneekettenartigen Zahnspange mied Jasmin das Verbale. Sie wäre in der Baumschule perfekt aufgehoben gewesen – und ich nicht ganz allein.

Als Neuer hat man es auf jeder Schule schwer, doch auf der Drei-Buchen-Schule war ich zu allem Überfluß deutlich anders als die anderen und das einzige Kind, das Kleidung trug. Was bei meiner Einführung mit reichlich Geraschel quittiert wurde. Zum Glück war unser Klassenlehrer Dr. Ecker zwar eine knorrige Eiche und zudem ein strenger Lehrer in Jahresringkunde und in Käferabwehr, aber auch für seine tolerante Art bekannt. Sein Lieblingsspruch lautete: »Lache nie über den kahlen Ast eines anderen, denn der nächste Herbst kommt bestimmt.«

Gleichwohl waren mir die Nadelbäumchen in der Klasse von Anfang an lieber. Sie hatten genauso unter dem Blätterrauschen der anderen zu leiden und wurden ein ums andere Mal mit »Du Weihnachtsbaum« beschimpft. Mich wunderte die Hierarchie unter den Mitschülern. Nadelbäume verlieren schließlich nicht jährlich ihr Blattwerk.

Das Geschrei dabei war beim belaubten Teil der Klasse stets sehr groß. Junge Bäume sind noch nicht so vertraut mit dem Lauf der Jahreszeiten. Oft glauben sie, ihnen würde das mit der Blattverfärbung bestimmt nicht passieren und ihr schickes Grün halte ewig. Nadelbäume hingegen haben sich bereits früh mit ihrer Pieksigkeit abgefunden, wegen der sie niemand so recht umarmen mag, nicht einmal Igel oder Stachelschweine. Dafür fangen sie spätestens Ende November an, sich herauszuputzen, tragen Schmuck und Glitzerfummel. Still und erhaben leuchten sie dann vor sich hin. Ich finde, deutlicher können sie den Laubbäumen ihre Überlegenheit gar nicht demonstrieren. Mich beeindruckt das bis heute. Wobei es auch hier Außenseiter gibt. Unserer hieß Lars und war eine mickerige Lärche.

An meinem ersten Schultag beruhigte mich die stille Anteilnahme der benadelten Kameraden, sobald sich das aufgeregte Geraschel der anderen gelegt hatte. Aufs Äußerste angetan war ich von dem frischen Grün einer schlanken, hoch aufgeschossenen Nordmanntanne namens Tina. Die wollte ich für den Rest der ersten Stunde nur noch anstarren. Blöderweise saß sie ganz hinten. Mir dagegen war der freie Platz neben Ulf, einem etwas gedrungenen Buchsbäumchen, zugewiesen worden.

Im Prinzip machte es nichts, daß ich die gesamte Unterrichtsstunde in die falsche Richtung schaute, anstatt meine volle Aufmerksamkeit dem Lehrer zu widmen. Meine Mitschüler taten das genausowenig. Allerdings waren sie diesbezüglich klar im Vorteil. Bei Bäumen sieht man nun mal nicht, wo vorne und wo hinten ist. Dr. Ecker schien sich nicht weiter darum zu kümmern, daß er ausschließlich meines Hinterkopfes ansichtig wurde, während er über Rindenkrankheiten referierte.

Den kleinen Bäumen um mich herum war meine entgegengesetzte Blickrichtung natürlich nicht entgangen. Und so begann das Geraschel von Neuem. Jedem war sofort klar, wem mein Interesse galt, das wußte ich auch. Unsicher war ich bloß, ob jene niedliche Tanne meine spontan erwachte Neigung ebenfalls registriert hatte. Ich sah ja nicht mal, ob sie überhaupt zu mir guckte.

Zumindest ließ sie sich in den folgenden Wochen nichts anmerken, begegneten wir einander im Pausenwäldchen oder auf den Fluren. Nächtelang lag ich wach, zermarterte mir den Kopf, wie ich Tinas Gunst gewinnen könnte, denn eins war klar: Die Zukunft wollte ich allzugern mit Tina der Tanne verbringen, irgendwo im Wald, schweigend. Ach, das müßte so schön sein!

Was aber nützte mir die Zukunft? Ich mußte erstmal mit der Gegenwart fertig werden. Die Baumschule war kein Ponyhof. Auch auf Baumschulen galt es, sich zu bemühen, bei Wachstum, Blütenstand und Chlorophyllproduktion mitzuhalten. Hier hieß es keineswegs: Haste keine gute Note, wirste eben Bringdienstbote. Nein, auf der Baumschule gab es mehr Forderungen als Förderung getreu dem Motto: Wächst dir keine einz'ge Blüte, kommste in die Komposttüte. Und da wollte ich nun nicht enden.

Weitaus ärger als die Hänseleien meiner Mitschüler war die Erkenntnis, daß mir nichts von dem, was ich in meinem bisherigen Leben gelernt hatte, auf der Baumschule nützte, wirklich gar nichts. Schlimmer noch: Das, was von mir verlangt wurde, schien ich beim besten Willen nicht zu erreichen.

Zu Hause war man nicht gerade begeistert darüber, daß mein Schulwechsel keine Leistungsverbesserungen mit sich brachte. Immerhin wurde ich unterstützt. Meine Eltern gaben sich größte Mühe, mir bei den Hausaufgaben zu helfen. Sie hätten auch Nachhilfestunden bezahlt. Bedauerlicherweise fanden wir keine entsprechenden Angebote, nicht in den Gelben Seiten, nicht einmal bei Google. Dort stieß ich statt dessen auf recht merkwürdige Fotografien, die Menschen und Pflanzen in Posen zeigten, die mich zunächst schrecklich anekelten und doch nicht wieder losließen.

Vollkommen neue Möglichkeiten der Körperlichkeit taten sich da auf. Es gab also mehr als den wohligen Zustand gemeinsamen Schweigens! Daß mich diese anderen Arten faszinierten, ja, sogar erregten, wollte ich anfangs nicht wahrhaben, bis ich eines Nachts schweißgebadet aus einem Traum erwachte, der viel mit einem Kiefernwäldchen zu tun hatte. Dies versetzte mich in den Zustand tiefster Verwirrung, die sich noch steigerte, als ich der klebrigen Feuchtigkeit in meiner Schlafanzughose gewahr wurde.

All dies behielt ich lieber für mich, derweil mir meine Eltern Waldvideos vorspielten und mich dazu anhielten, stundenlang im Garten zu verharren, um mich auf meine Knospen zu konzentrieren. Zwar wuchs ich, und das konnte ich auch spüren, bloß Blüten und Blätter wollten nicht aus meinem Körper krauchen, so sehr ich mich anstrengte. Ich stellte mich in einen Wassereimer und schluckte beutelweise Dünger. Nichts half. Und Jasmins Anwesenheit auf der anderen Seite des Gartenzauns machte die Sache nicht besser. Dabei behielt sie jedes Wort des Erstaunens für sich. Stumm beobachtete sie mich beim Reglosdastehen. Obwohl mir Jasmins Blicke nicht direkt unangenehm waren, spürte ich, daß uns etwas für immer trennen mußte, und das war nicht der Gartenzaun.

Trotz der Schwierigkeiten, den Anforderungen meiner Schule gerecht zu werden, ging ich weiter gerne dorthin. Selbst das lästerliche Geraschel meiner Mitschüler hatte nachgelassen. Klar, die jungen, starken Bäumchen machten sich nach wie vor über die Schlaffheit meiner Extremitäten lustig. Am schlimmsten waren die Schmähungen von Chen, einem jungen Ginkgo. Doch versuchte ich, es den Bäumen gleichzutun, und übte mich in Gleichmut. Von der Mehrheit der Klasse war ich inzwischen akzeptiert.

Manchmal hing ich nachmittags mit meinem Tischnachbarn Ulf dem Buchsbaum ab. Einmal habe ich ihn mit nach Hause genommen. Das klappte so weit ganz gut, abgesehen von dem Berg Nudeln mit Tomatensoße vielleicht, den meine Mutter auf den Küchentisch wuchtete, aufgrund falscher Vorstellungen bezüglich des Appetits eines Baumes. Ulf begnügte sich nämlich mit ein paar Schlucken Wasser.

Ernährungsmäßig war ich ohnehin weit entfernt von den Gewohnheiten eines Baums. Als einziger Schüler meiner Schule verzehrte ich in den Pausen mitgebrachte Stullen. Die Normalos unter den Bäumen, zu denen Ulf zählte, kamen dagegen mit Leitungs- oder Regenwasser aus.

Mir persönlich waren die Dünker sympathischer. So hielt ich mich in den großen Pausen verstärkt in der Dünkerecke auf.

Dünker ziehen sich den Dünger selber rein, sie warten nicht erst lange auf eine düngende Hand. Die Dünker galten als die Coolen der Baumschule, und daß ich neben ihnen schweigen durfte, ohne mißbilligende Worte zu ernten, freute mich. Die Dünker waren als schwierige Pflanzen verschrien, die gelegentlich ausschlugen. Eine eingeschworene Clique, die mich sogar bei meinen Schulschwierigkeiten unterstützte. Wieder und wieder überlegte man in der Dünkerecke, wie ich es zu Blättern, Blüten und Früchten bringen könnte. Das ging bis hin zu Vorschlägen in Richtung Fruchtbetrug. Ich jedoch wollte ein ehrlicher Baum sein. Meine neuen Freunde akzeptierten das.

Tina die Tanne gehörte ebenfalls zu den Dünkern. Dabei habe ich sie nie Dünger einwerfen sehen. Vielleicht war sie in Wahrheit eine Gedünkte. Nichtsdestotrotz mochten sie alle, wohl wegen ihrer spitzen Art und weil sie einfach klasse aussah. Am Wochenende trafen wir Dünker uns häufig auf Festen. Irgendwo fand sich immer eine sturmfreie Lichtung. Und auf so einer Party ist es dann passiert. Ich hatte bereits einigen Dünger intus, als ich mich plötzlich allein neben Tina wiederfand. Nichts und niemand hielt uns davon ab, uns aufeinander zu stürzen. Das fühlte sich ziemlich gut an. Tage später spürte ich Tinas Nadeln noch auf meiner Haut, denn in diesen Tagen sahen wir uns ständig. Nicht nur im Klassenbeet. An fast jedem Nachmittag ließen wir unserer Liebe freien Lauf, indem wir taten, was wir taten, nämlich das, was Bäume und Menschen oftmals einfach tun müssen, wenn die Triebe sie treiben.

Das bewahrte mich leider nicht vor weiteren schlechten Schulnoten, eher im Gegenteil, denn obwohl ich nun sogar mit einem Baum zusammen war, vernachlässigte ich meine Baumaufgaben. Zwar bekam Tina ebenfalls schlechtere Noten, trotzdem blieb sie eine Tanne, während mir nahegelegt wurde, die Drei-Buchen-Schule zu verlassen. Ich schämte mich total. Ich war zu doof für die Baumschule und wollte einfach nur verwelken. Den

Dünkern wagte ich jedenfalls nicht mehr, unter die Knospen zu treten. Von Tina hielt ich mich genauso fern, weil ich glaubte, sie würde nicht länger mit mir nadeln wollen.

So verbrachte ich wieder mehr Zeit mit Jasmin. In den Augen ihres Vaters war ich gewissermaßen rehabilitiert, sodaß er mir eine Lehrstelle im Sägewerk offerierte. Die nahm ich nach einigem Zögern an. Einerseits waren mir Bäume nach wie vor sympathisch, andererseits haßte ich sie auch, weil sie das waren, was mir zu sein niemals vergönnt sein würde.

So sägte ich und sägte ich, bis mir eines Tages ein Ginkgostamm unters Messer geriet. Der erinnerte mich an die Schmähungen von Chen, dem gehässigen Ginkgo in meiner Klasse. All der Spott und Hohn, den ich auf der Baumschule hatte ertragen müssen, kam wieder hoch. Wutentbrannt begann ich, mich an Chens unschuldigem Artgenossen zu rächen. Ich zersägte sein Holz nicht, nein, ich zerraspelte es und flog daher aus dem Sägewerk.

Jasmin verließ mich deswegen, worüber ich nicht ganz unglücklich war. Nachdem ihr die Spange abgenommen worden war, konnte sie nämlich nicht mehr aufhören zu quatschen, allein um ihre schönen Zähne ständig blitzen zu lassen.

Über Bekannte meiner Eltern bekam ich einen Hilfsjob bei einem Gärtner, der die Pflanzen reicher Leute pflegte. Mir gefiel die Beschäftigung, obwohl ich dort auf sehr viele arrogante Bäume traf. Doch dann begegnete ich Ulf, meinem alten Kumpel, dem Buchsbaum. Es dauerte einen Moment, bis ich ihn erkannte. Ulf war wie ich von der Schule abgegangen und ein veritabler Schmuckbaum geworden. Er freute sich, mich zu sehen, und erzählte, daß Tina die Trennung von mir gar nicht gut verkraftet hatte und ebenfalls nicht mehr auf die Drei-Buchen-Schule ging. Das brach mir beinahe das Herz. Glücklicherweise wußte Ulf, wo ich meine geliebte Tanne finden würde. Sie hatte sich tatsächlich als Weihnachtsbaum beworben!

Nach Feierabend eilte ich zu der von Ulf beschriebenen Stelle.

Meine Knie waren weich, als ich Tina gegenübertrat. Still stellte ich mich neben sie, und schon nach wenigen Stunden spürte ich einen Zweig über meinen Rücken streicheln. Sie verzieh mir. Noch in der Nacht buddelte ich sie aus, um mit ihr ein neues Leben zu zweit zu beginnen. Nein, nicht zu zweit, denn Tina machte mich auf ein kleines Bäumchen neben sich aufmerksam, und ich mußte zugeben, die Ähnlichkeiten mit mir waren nicht zu leugnen. An Verhütung hatten wir beim Bestäuben natürlich nicht gedacht, so impulsiv waren unsere ersten Begegnungen gewesen.

Und so kam es, daß ich zwar nie ein Mann wie ein Baum wurde und doch ein Kind von einem Baum hatte. Und das sollte nicht das einzige bleiben. Deshalb führten wir ein schönes Leben, das wir uns leisten konnten, weil Ulf der Buchsbaum mich nicht nur zu seinem persönlichen Stylisten ernannte, sondern auch in der Buchsbaumszene weiterempfahl. Was eine andere Geschichte ist. Denn in dieser standen Tina, unsere kleinen Bäumchen und ich still und schweigend in einem kleinen Wäldchen beisammen und waren glücklich.

Um den Hund in uns

Partys müssen heutzutage voll originell sein. Schräge Location, abgefahrenes Motto. Ort der Handlung ist eine Handlung: ein ehemaliges Geschäft für Kohlen in einem ehemaligen Wohnhaus. Hier mag keiner mehr wohnen, höchstens feiern. Motto der Handlung: Zwinger. Zwinger mit »Z«. Nicht um Körperkontakte mit Fremden soll es gehen, sondern um den Hund in uns. Ein Bäumchen-wechsel-dich-Spiel der anderen Art.

Ich habe mich nicht groß ums Motto gekümmert, bereue aber rasch, gekommen zu sein. Im Vorraum werden alle Neuankömmlinge von einem Mann in Tierwärterkluft genötigt, einen Großteil ihrer Kleidung abzuwerfen. Lediglich Unterwäsche, T-Shirt und Schuhe sind erlaubt.

Als ich zu fragen wage, ob ich in etwas Perverses geraten sei, wird dies mit beschwichtigendem Gelächter quittiert. »Seit wann sind Hunde pervers? Nur, übrigens, Hunde gehen nicht auf zwei Beinen. Soll heißen: Dies ist eine Krabbelparty. Und reden ist auch verboten.«

Dann krabble ich hinein. Ziemlich voll. Überall hocken unterbewäschte Menschen herum. Ein kolossaler Backenbartträger knurrt mir zu, ich wende mich von ihm ab, was ihn dazu einlädt, meinen Hintern zu beschnuppern. Ich belle ihn an. Backenbart dreht ab und ich mich nach links.

An der Wand aufgereiht sind diverse Näpfe. Bei näherer Inspektion finde ich einen mit Bier gefüllten. Direkt neben mir beugt sich ein Mädchen mit himmelblauem Haar über eine Schüssel, die mit Kartoffelchips gefüllt ist. Ich versuche, aus dem Biernapf zu trinken. Nicht so einfach. Rechts von mir hebt gerade ein Flaumbart ein Bein und setzt eine breit strullernde Marke in die Ecke. Weiter hinten kläfft es. Einer Dauerwelle jagt vergnügt ein Bubikopf hinterher. Ein Seitenscheitel und eine Zottelsträhne zerren um die Wette an einem Stock. Das sieht alles vollkommen bescheuert aus.

Lieber wende ich mich wieder der Himmelblauhaarigen zu. Die großäugig guckt und mich leise und lächelnd anbellt. Ich belle zurück, schlecke mit der Zunge über meine Lippen, das Bier trieft noch mein Kinn hinab. Gerade will ich mit meinem Schwanz wedeln, als die Himmelblauhaarige ihr Gesicht verzieht.

Ein Schnauzbart hat sich auf sie geworfen, und zerrt mit den Vorderpfoten an ihrem Slip. »Autsch, du Arsch!« keift mein Weibchen. »Verpiß dich!« Sie wirft Schnauzbart ab, der sich jaulend verzieht. Sie grinst mich breit an und macht sich daran, mir ihr Hinterteil anzubieten.

Geht ja echt ab hier für eine Zwingerparty mit »Z«. Plötzlich stehen gummibestiefelte Beine zwischen uns – der Tierwärter: »Wer hat da gequatscht?« Er packt meine Hündin an ihrem himmelblauen Schopf. »Hey«, mische ich mich ein, »das war eindeutig Notwehr!«

Dann stehen wir beide im Vorraum und sollen uns unsere Sachen schnappen. »Und hopphopp! Draußen stehen zig Leute Schlange, um eingelassen zu werden!« Wir stören den Ablauf. Die Klamotten sind auf einen Haufen geworfen. So findet man sein Zeug nie wieder. Die Himmelblauhaarige wirft mir eine Armeehose zu, in die ich bequem hineinpasse. Ich greife nach einem Pulli mit rotem Stern und einem Anorak. Die Garderobe der Himmelblauhaarigen sieht ähnlich aus, paßt aber gut zur Frisur.

»Na, so was hab ich ja noch nie erlebt!« knurre ich. Den Hund in mir konnte ich wohl nicht ganz abschütteln. Die Himmelblauhaarige zuckt bloß mit den Schultern: »Scheiß doch auf Besitzstand, ey!« Sie packt meine Hand und zieht mich die Treppe hoch. Auf der Straße bellen wir die Wartenden an, die verdutzt zurückgucken. Bald werden sie wissen wieso.

»Wie sieht's aus? Kommste mit?« fragt die Himmelblauhaarige.

»Mit zu mir?!« Was für eine Frage! Eine rhetorische Frage. Meine Antwort ist ein eindeutiges Grinsen. Die Himmelblauhaarige stapft los. Bei ihr in der WG steige heute auch 'ne Party. »Was echt?« Leicht enttäuscht frage ich, warum sie dann auf der Zwingerparty war. »Hab mich vorhin voll gezankt mit Kröse«, sagt die Himmelblauhaarige. »Der Arsch meinte, ich müsse auch mal Bier organisieren.«

»Wer ist Kröse?«

»Niemand«, sagt sie, ohne anzuhalten, »niemand, nur mein beschissener Freund.«

Daß Party ist, hört man schon auf der Straße. Ich folge der Himmelblauhaarigen. Als sie die Wohnungstür öffnet, dröhnt es uns noch lauter entgegen: »Deutschland muß sterben, damit wir leben können!« Ich freue mich auf Pogopeople. Mit meiner falschen Kleidung werde ich hier nicht weiter auffallen – und bin genauso erstaunt wie die Himmelblauhaarige. Scheint alles leer zu sein auf dieser Party. Meine Begleiterin kratzt sich das Wuschelhaar. »Komm!« Wir durchqueren den Raum. Man hört Stimmen. »Typisch«, sagt sie, »sind wieder alle in der Küche.«

Das stimmt, wobei »alle« lediglich drei Jungs mit bunten Haaren sind. Begrüßt werden wir mit großem »Aha!« und »Na, sieh mal einer an!«. Ein besonders kleiner Punker tritt auf die Himmelblauhaarige zu. Ich nehme an, das ist Kröse. Meine Ex-Hündin fällt ihm um den Hals. Im Gegenzug knutscht er heftigst in den ihren hinein und schiebt sie dabei aus der Küche gegen die Flurwand.

Die zwei anderen beiden mustern mich. Einer trägt einen steil in die Höhe ragenden Iro und ein stachliges Halsband. Der andere hat Restgelb an den Haarspitzen und sagt: »Du siehst nicht gerade nach Bier aus.«

»Ist das hier auch 'ne Mottoparty?« Da hätte ich ja auch bei den Hunden bleiben können.

»Kruzzi sollte Bier beschaffen.« Der Iro wackelt traurig. »Und anjeschleppt hatse dich.«

»Die andren sind wieder weg«, ergänzt der Restgelbe, »weil nix Molliges mehr da war.«

»Sie hat jemeint, Bierholen is was für Kinder!«

»Nee, Männer hat sie gesagt!«

»Stümmpt. Kistenschleppen sei nix für Frauen. Aba wir sind ja emanzipiert. Bei uns müssen ooch die Mädels ran!«

»Statt dessen schlepptse noch 'nen Esser an«, murrt der Gelbe. Der Stachelhalsige fragt mich, ob ich Hunger habe, was ich bejahe.

»Dann mal Zugriff!« Mir wird eine große Plastiktüte präsentiert, die voller Wurstzipfel ist. Als ich skeptisch gucke, erklärt mir der Stachelhalsige, daß er in einer Fleischerei jobbe. »Hinten, wo keener kiekt! Ick muß die Stullen schmieren, die se vorne verhökern.« Mitnehmen dürfe er lediglich die Wurstenden. Jetzt bemerke ich auch den Berg ausgezutzelter Wurstzipfel im Aschenbecher. Nun lutsche ich ebenfalls aus. Lecker, die Wurst.

»Dit Geile an Wurst is ja, dit man nich merkt, wat allet so Ekeliget drinne is«, doziert der Wurstmitbringer. »Was denn so?« fragt der Gelbhaarige. Ich will das gar nicht wissen und sage, daß die Tiere so wenigstens vernünftig verwertet würden. »Da sind selbst die Ohren noch für was gut.«

»Dit kannste mal laut sagen«, sagt der Fachmann laut. »In diesen Würsten dürften übrigens ziemlich vülle Ohren drinne sein.«

»Und sonst?«

»Schweinenasen!«

»Miam!« mache ich tapfer und greife erneut in die Tüte. »Wenn's nichts zu trinken gibt, muß man eben essen.«

»Ich könnt dir 'n Cocktail mixen«, bietet der Restgelbhaarige an.

»Hinnis Drinks sind uff jeden Fall jesund und nahrhaft!« sagt der Stachelhalsige.

»Wat is 'n dir lieba: Klosterfrau Melissengeist, Doppelherz oder Hustensaft von Aldi?«

»Lieber? In welchem Zusammenhang?«

»Als Grundlage für den Saft hier.« Der Restgelbhaarige deutet auf ein paar offene Konservendosen: Erbsen und Möhrchen, Bockwürste, Kidneybohnen.

»Cocktails mit Einlage?«

»Nee, nee, die Büchsen sind leider längst leer. Nur noch Saft drin.«

»Also ick steh ja uff Klosterfrau mit Wurstwasser«, sagt der Stullenschmierer.

»Eins nach dem andern!« sage ich.

Plan B

Ich stehe so mit Hinni und Stachel in der Küche und trinke salzigen Schleim, die Party ist ausgefallen wegen akuten Biermangels, und Kruzzi, die mich hierher geschleppt hat, knutscht im Flur mit Kröse rum. Er hat behauptet, ihr Freund zu sein. Nebenan dröhnt der Demoknaller »Wir wollen keine Bullenschweine«, bis er plötzlich abbricht. Hinni fordert Kröse lautstark auf, mal zackig was Neues aufzulegen. Da steckt Kruzzi ihren Kopf in den Türrahmen: »Leute, die Bullen!«

»Die komm ja wie jerufen«, stellt Stachel fest, und Hinni klatscht in die Hände: »Wird ja auch Zeit! Pogo time! Excellent!«

»Hoffentlich hamse ihre Schutzschilders mitjebracht.«

Die beiden stürmen nach nebenan. Ich folge ihnen gemächlicher. Im großen Zimmer stehen vor Kröse und Kruzzi zwei Beamte, ein Mann und eine Frau, die sich skeptisch umschauen: »Sie machen also eine Party? Ohne Gäste?«

»Wennse wolln«, sagt Kröse, »könnse gerne mitfeiern.«

Die Frau lächelt mitleidig. Sie sieht so aus, als hätte sie früher auch nicht geglaubt, mal in Uniform steckenzubleiben. Bestimmt kann sie sich vorstellen, wie traurig kleine Punker und andere linke Elemente dran sein müssen, wenn sie sogar Vertretern der Staatsgewalt anbieten, mit ihnen zu feiern. Aus der Jakke ihres Kollegen meldet sich ein Funkgerät zu Wort: »Krz Razzia ... Krzkrzkrz alle verfügbaren Kräfte sofort anrücken krzz.«

»In Ordnung«, sagt der Polizist in seine Jacke hinein. Und zu uns: »Glück gehabt, die Herren und die«, er zögert, »die Dame. Gibt Arbeit. Aber keine Sorge! Sollte es heute weitere Beschwerden geben, holen wir die Anlage ab.« Er wendet sich zum Gehen.

»Halt, halt!« ruft Kruzzi. »So leicht kommt ihr uns nicht davon.«

»Plan B?« fragt Kröse.

»Plan B«, bestätigt Kruzzi. Ich verstehe das nicht, die beiden Beamten noch viel weniger. Plötzlich schnappen die mittlerweile fast hinter ihnen stehenden Hinni und Stachel zu, ziehen die Polizistenpistolen aus den Halftern und richten sie auf ihre vormaligen Besitzer.

»Spielen wir ruhig ’n bißchen Kidnapping«, grinst Kruzzi.

»Seid ihr verrückt!« entfährt es mir. Doch die, die aussehen, als wären sie spontan verrückt geworden, sind die Polizisten.

»Nun lassen Sie mal den Quatsch!« sagt der Mann.

»Sie haben ja gar keinen Grund«, ergänzt die Frau.

»Und ob! Die Party ist schweineöde«, sagt Kruzzi, das Mädchen mit dem himmelblauen Haar, in das ich mich vorhin um mehr als eine bunte Strähne verliebt hätte.

»Was sollen wir denn mit den beiden machen?« versuche ich die Sinnlosigkeit dieses Unterfangens zu verdeutlichen.

»Biste ’n Schisser oder was?« Kruzzis Blick ist arg verengt.

»Nee, kein Stück! Aber man muß doch wissen, was man tut.« Die Polizisten gucken zustimmend.

»Muß man das immer?« fragt Kröse.

»Bist wohl ’n Planungsfetischist«, meint Hinni. Kruzzi grinst: »Vorhin hat er den Plan gehabt, mich zu ficken.«

»Ach, echt?« Kröse tritt auf mich zu und mir der Schweiß ins Gesicht. Ein gedehntes »Ä« ist alles, was mein Mund an spontaner Artikulation zu bieten hat. Verlege mich daher aufs Stottern.

Über »Fi-Fi-Fi« komme ich zum »Vö-Vö-Vögeln«. »Wir können doch die, die«, versuche ich mich an einem ganzem Satz. Ich blicke mich im Raum um. Die Auswahl ist begrenzt, mein Vorschlag zielt daher auf eine Bullenverkupplung: »Wir könnten sie zwingen, miteinander zu ...«

Manche Wörter werden ungesagt verstanden, solange der Zusammenhang stimmt, und ist er noch so überraschend. Entsprechende Blicke aller Anwesenden, inklusive Staatsgewalt.

Nach einer Weile gluckst Kruzzi: »Du bist ja pervers!« Den Gesichtern der beiden Beamten zufolge teilen sie diese Meinung.

»Knorke Vorschlag!« Stachel entsichert seine Pistole. »Wir züchten kleine Bullengören.«

»Voll geil!« stimmt Hinni zu. »Und wir ziehen sie mit Wurstwasser groß!«

»Was willste mit Bullenkindern?« fragt Kröse. »Das klingt ja wie deine beknackte Sektenidee.«

»Wat soll'n bitte beknackt dran sein, 'ne Sekte zu gründen?« motzt Hinni.

»Ihre Diskussion führt doch zu nichts!« mischt sich der Polizist ein. Wahrscheinlich kann er es kaum abwarten, die Kollegin zu begatten und dabei noch von kleinen Linksradikalen mit seiner Dienstwaffe bedroht zu werden. Nur ist seine Meinung gerade nicht gefragt. »Klappe, Alter!« weist ihn Kruzzi zurecht, »hat man dir nicht beigebracht, dich nicht einzumischen, wenn über politische Konzepte diskutiert wird?«

»Politische Konzepte?« wirft die Polizistin ein.

»Wir ziehn 'ne Bullenbrut groß!« Hinnis Augen leuchten. »Wir indoktrinieren die Kids in unserm Sinn und infiltrieren mit ihnen den Staat!«

Kröse schüttelt den Kopf. »Meinste bloß, weil 'n Kind von zwei Bullen gezeugt worden ist, wird's auch 'n Bulle?«

»Klaro«, ruft Kruzzi, »sagste doch selber, Bullesein ist 'n genetischer Defekt.«

»Könnten Sie das nicht hinterher ausdiskutieren?« fragt der zukünftige Zuchtbulle. Offenbar steht er unter Triebstau. Seine Kollegin guckt ihn mit hochgezogenen Augenbrauen an und sagt dann: »Also ich finde, das theoretische Konstrukt sollte im Vorhinein feststehen.«

»Haste studiert oder wat?« Stachels Einwurf bleibt unbeantwortet.

»Vor allem solltet ihr wissen«, die Beamtin fixiert ausgerechnet mich, »wie das so ist, mit einem Polizisten zu schlafen.«

»Du meinst, wir sollen ihm hier«, Kröse zeigt auf ihren Kollegen, »in den Hintern, hä?«

Diese Vorstellung gefällt dem Kollegen augenscheinlich weniger.

»Und was ist mit dir?« fragt Kruzzi so von Frau zu Frau.

»Macht mit mir, was ihr wollt«, sagt sie mit devotem Gesichtsausdruck.

»Und mit wem wüllste zuerst?« Stachel scheint sich schon mal bereitzumachen. Ohne groß zu überlegen zeigt die Polizistin auf mich. Die anderen grinsen. »Gute Wahl«, sagt Kruzzi und zwinkert mir zu. »Hey!« Stachel fuchtelt mit seiner Knarre. »Wieso darf ausjerechnet er mit der Bullette ...?«

»Ach, du willst auch?« Kröse wendet sich ihm zu. »Du bist in letzter Zeit so notgeil. Kann es sein, daß du und Kruzzi ...?«

»Ist nich wahr.« Stachel hält Kröse auf Distanz. »Ick bin der einzje hier inne WJ, der noch nich mit ihr.«

Jetzt guckt Kröse erst zu Kruzzi, dann zu Hinni: »Wie is'n dis gemeint?«

Kruzzi versucht, Kröse zu umarmen: »Was haste denn? Revoluschen, ey! Und überhaupt, neulich, diese Katja ...«

Kröse winkt ab. »Das war bloß 'n Freundschaftsdienst. Also nicht, was du jetzt denkst. Der Memi, ihr Bruder, der hat mich gebeten gehabt. Ich fand die ja nicht so.«

»Du hast echt mit der Katja?« Nun richtet Hinni seine Knarre auf Kröse. »Wo du doch genau wußtest, daß ich scharf auf die bin.«

»Ja, aber sei mal ehrlich, du und die Katja!«

Derweil begeben sich die beiden Polizisten auf klammheimlichen Rückzug. Außer mir bemerkt den niemand, und ich habe nichts dagegen. Die kleinen Punker zanken sich lautstark, so daß auch ich mich entfernen will, als Kröse auf mich zeigt: »Was is 'n mit ihm? Läuft da auch was?«

»Quatsch!« Kruzzi bemüht sich zu kichern. »Der ist mir nur wie 'n Dackel gefolgt.«

»Ich denk, er wollte mit dir ...!« Kröses Gesicht leuchtet rot.

»Ähm, Leute!« Ich zeige Richtung Tür. »Die Bul-len!«

»Scheiße, die Bullen!« rufen die anderen. »Warum sagste nüschts?«

»Ich sag ja was!«

Kröse drückt Kruzzi die Pistole in die Hand, die er Hinni zwischenzeitlich entwunden hat. »Paß auf ihn auf, bis wir mit den Geiseln zurück sind!« Dann rennen die Jungs hinaus. Endlich sind wir zu zweit.

»Mann, sind die blöd!« freue ich mich.

»Wieso?«

»Na, ich bin jetzt nicht nur hier, weil du mich total doof findest, oder?«

Sie mustert mich. »In Unterwäsche hast du mir besser gefallen.«

»Kein Problem. Zuhause habe ich eine ganze Kollektion.«

»Okay?«

»Kommste mit?« Ich streck ihr meine Hand entgegen.

»Irgendwie ist mir das zu simpel«, sagt Kruzzi. »Happy Ends find ich beknackt.« Sie drückt die Pistole gegen meine Brust: »Ich könnte dich erschießen, damit rechnet bestimmt keiner.«

»Halt, halt warte!« bemühe ich mich um Aufschub. »So richtig originell ist das nicht. Andauernd wird wer grundlos erschossen.«

»Da hast du natürlich recht«, Kruzzi lockert den Pistolendruck. »Ich bräuchte ein Motiv. Vielleicht sollten wir miteinander schlafen. Und weil du zu früh kommst, erschieß ich dich.«

»Wäre eine Möglichkeit«, gebe ich zu. »Andererseits finde ich dieses ganze Gerede über Sex langsam 'n bißchen primitiv. Wieso spielen wir nicht? Zum Beispiel Schach?«

»Schach?!« Kruzzi läßt die Pistole sinken. »Du kannst Schach spielen? Ich suche schon ewig einen, mit dem ich Schach spielen kann! Aber ich sag dir: Wenn du gewinnst, erschieß ich dich.«

Also haben wir die ganze Nacht Schach gespielt. Kruzzi war extrem schlecht und hat trotzdem jede Partie gewonnen. Weil das so öde war, ist sie irgendwann mit meiner Dame in der Hand eingeschlafen.

Ich bin dann gegangen. Unten stieß ich überraschenderweise auf die Polizistin. Sie muß dort gewartet haben. Hat gesagt, meine Komplizen seien bereits auf dem Revier. Mich hat sie auch verhaftet, allerdings nicht zu den anderen gebracht.

Ich will keine Familie,
ich will bloß ein Kind

Ich will ein Kind, schon um jemanden zum Bierholen zu haben. Problem dabei: Ein Kind kriegt man in der Regel nicht allein, das weiß sogar ich, und die Produktion zieht und zieht sich, egal wie schnell man selber fertig ist. Eine Frau bei Laune zu halten ist nie leicht. Und dann gleich neun Monate lang. Am Stück! Eine einzige Frau, die zudem schwanger ist, das kommt ja erschwerend hinzu, nein danke, kein Bedarf. Ich nehme mir lieber 'ne Frau, die bereits Kinder hat. Am besten eine mit ganz vielen Kindern. Der fiele garantiert nicht auf, sollte ich ihr eins stibitzen.

Da ist eine, die arbeitet bei mir um die Ecke. So 'ne ganz hübsche, ein bißchen überfordert vielleicht. Ein Kind weniger kann der ja nur recht sein. Ich sehe sie öfter mit ihrem Minitrupp die Straße entlangziehen. Sie stets hinten mit den trödeligen Kids, während vorne die Fixen sind. Denen ruft sie laufend nach: »Emma, Leonie, Lukas eins und Lukas zwei, an der Ampel wartet ihr mal bitte!«

Wäre also babyeinfach für mich, an der nächsten Ecke zu lauern und mir im rechten Moment eins dieser fixen Kinder zu schnappen. Die Frage ist: Will ich überhaupt ein fixes Kind? Würde ein trödeliges nicht viel besser zu mir passen? Oder zöge mich das unnötig runter? Komme ich dann zu gar nichts mehr, wenn mein Kind verpeilter wäre als ich?

Wobei, ein Kind, das Schlüssel klimpernd am Bett steht, weil's zur Schule gebracht werden will – das muß ich nicht haben. Sollte also eher ein doofes Kind sein. Wobei, ist es zu doof, wird's nicht bloß beim Bierholen mit dem Wechselgeld beschissen, nein, man muß ihm auch noch die Hausaufgaben machen, weil man sich sonst mit seinen Lehrern rumärgern müßte. Und eine Sache, die ich in meinem Leben nie wieder haben wollte, ist Streß mit Lehrern. Reicht ja schon, daß einige meiner Freunde Lehrer geworden sind. Die sind generell okay, solange sie nicht anfangen, über ihre Schüler herzuziehen. Aus Gesprächen mit ihnen weiß ich, welcher Typ Kind Lehrer am meisten nervt.

Mit dummen, dreisten oder faulen Vertretern ihrer Art kommen Pädagogen einigermaßen klar. Alle aber fürchten sich vor besserwisserischen Hochbegabten, die angewidert sind von der Dummheit ihrer Lehrer. Hyperintelligente Schüler gehen selten gern zur Schule. Zeitverschwendung. Ein solches Kind möchte ich haben! Könnte schwierig werden, falls mein eigenes Kind mich für ungebildet hält. Mehr als ein durchschnittlicher Lehrer habe ich schon auf dem Kasten. Und sage ich »Kind, du mußt nicht in die Schule gehen, du weißt ja alles. Laß uns daher morgen ausschlafen!« müßte mich das Kind eigentlich lieben.

Bloß wie finde ich so eins? Bei genauer Betrachtung ist mir die Sache mit dem An-der-Ampel-Wegschnappen zu heikel. Nur weil ein Kind schnell ist, muß es nicht clever sein. Kennt man ja vom Sport. Und, o Gott, ein sportliches Kind! Welch Alptraum! Das rennt einem ja ständig weg. Außerdem muß man es andauernd zum Verein bringen und wieder abholen und – wenn's ganz dick kommt – auch noch zu irgendwelchen Wettkämpfen oder Spielen gehen, wo man dann zwischen lauter ehrgeizigen Eltern steht und sich hinterher von einem plärrenden Gör vorwerfen lassen muß, man hätte es nicht doll genug angefeuert.

Nein, ein Kind von der Straße kommt für mich nicht in Frage. Ich gehe lieber dorthin, wo die Kinder herkommen, gemeinsam mit der Frau, der ich eins abnehmen will – zum Kinderladen um die Ecke. Klingt sowieso vielversprechender. In Läden ist die Auswahl gemeinhin größer als auf der Straße. Ich muß da lediglich reinspazieren und mir eins aussuchen. Einpacken ist nicht nötig, ich will's gleich allen zeigen.

Ein weiterer Vorteil eines Fertigkindes: Man weiß von vornherein, was man hat. Mit dem Selbermachen ist das indes so 'ne Sache. Kennt man ja vom Töpferkurs. Spaß machen tut's total, stellt man jedoch die Vase zu Hause neben die gekauften, offenbart sich der Unterschied. Bei ganz großem Pech ist sie nicht mal dicht. Man steckt dann Trockenblumen rein, ist ja ein selbstgemachtes Stück, auf das man schon stolz ist. Kommt aber Besuch, wird's vorsichtshalber weggeschlossen. Bei Kindern kann einem das eben auch passieren. Man mag sie, weil sie aus eigener Erzeugung sind. Peinlich sind sie einem gelegentlich doch, weshalb man sie unauffällig vorm Biomarkt anbindet und hofft, daß sie weder schreien noch die Hunde der anderen Kunden belästigen.

Wirklich, ein Kind aus dem Kinderladen wäre mir deutlich angenehmer. Im Unterschied zum Selbermachen bekommt man ein Fertigkind leider nur bei Abwesenheit der Frau. Und außerdem will ich ja bloß das Kind, nicht die Frau. Wozu brauche ich 'ne Frau, wenn ich auch so ein Kind kriegen kann? Ein Kind will nicht permanent Sex von einem oder die Nächte mit seinem Erziehungsberechtigten in der Disco verbringen. Und will man ein Kind mal so richtig schick ausführen, wird's nicht so teuer. Ein Happy Meal bei McDonald's reicht voll und ganz.

Deshalb habe ich im Kinderladen angerufen und mich gegenüber der Erzieherin – sie heißt übrigens Heike – als Mitarbeiter des Streichelzoos am anderen Ende der Stadt ausgegeben. Heike war dort am Vormittag mit ihrer Gruppe. Ich bin ihnen bis dahin gefolgt. Nun behaupte ich, der kleine Lukas sei noch bei den Tieren und jetzt ganz traurig und sage die ganze Zeit, er gehöre zu den Wichtelzwergen. »So heißt Ihre Gruppe, oder?«

»Ja ja«, Heikes Stimme klingt besorgt, »ich habe extra durchgezählt!«

»Sie sollten wissen, ob Ihnen ein Kind fehlt!«

»Ja, natürlich, aber, aber mir fehlt gerade der Überblick. Wir haben auch so viele Lukasse.«

Das hatte ich mir gedacht. Lukas heißen sie nämlich alle. Vor allem, wenn sie Jungs sind und nicht Jan oder Tim genannt worden sind.

»Holen Sie den kleinen Lukas also ab?«

»Ich kann doch die anderen Kinder nicht allein lassen!« Heike wirkt verzweifelt.

»Soll ich die Eltern von Lukas anrufen?«

»Nein nein«, ruft Heike. »Ich komme ja! Ich komme ja!«

Wenig später verläßt sie den Kinderladen. Ich habe freie Bahn. Beim Begrüßen der Kinder mustern mich diese neugierig. »Was bist du 'n für 'n Onkel?« fragt ein Mädchen. Und ein anderes: »Bist du ein Kinderschänder?« Daraufhin wollen mehrere Kinder wissen, was ein Kinderschänder ist.

»Ich bin jedenfalls keiner«, sage ich. »Ich bin ein Papa.«

»So ein Papa wie meiner?« fragt ein blondköpfiger Junge mit niedlichen Sommersprossen. »Wer weiß, ich bin ein toller Papa. Wer von euch hätte denn gerne einen tollen Papa?« Die Nachfrage ist eher zurückhaltend. Offenbar haben hier alle tolle Väter beziehungsweise welche, die sie für tolle Väter halten.

»Einer von euch kann mich als Papa haben«, sage ich unbeirrt. Die Kinder sehen mich interessiert an. »Bei mir dürft ihr so viel Cola trinken, wie ihr wollt!«

Murren. »Cola ist blöd und ungesund«, sagt ein Mädchen mit großer Zahnlücke, »Bionade ist viel besser.«

»Dann eben Bionade, so viel ihr wollt!«

»Kriegen wir zu Hause auch!« ist die einhellige Antwort.

»Na gut. Wie wär's mit Fernsehen, na? Bei mir darf man Fernsehen bis zum Morgenmagazin!«

Die Kinder sehen mich verständnislos an. Verhaltenes Flüstern.

»Meine Mama sagt, Fernsehen macht doof!« höre ich schließlich ein dünnes Stimmchen von hinten. Allgemeine Zustimmung.

»Ihr seid ja blöd«, sage ich. »Fernsehen ist voll gut, und man sollte eh nicht alles glauben, was Mama und Papa sagen.«

»Bist du nicht auch ein Papa?«

Verdammt, denke ich, Akademikerbrut. Trotzdem versuche ich es weiter: »Wer mich als Papa nimmt, mit dem geh ich jeden Tag zu McDonald's!« Herrje, so wie die Kinder mich jetzt ansehn, fühle ich mich selber wie ein im Regen vergessener Big Mäc.

»Ihr müßt bei mir nie in die Schule!«

»Wir wollen aber in die Schule!« rufen die Kinder. »Wird echt Zeit, wir sind schon fünf.«

Mann Mann Mann! Diese Kinder haben einen Vater wie mich gar nicht verdient. Resigniert verlasse ich den Laden. Als ich die Tür hinter mir schließe, steht Heike vor mir. Das ging ja flott. Hat die ein Taxi genommen?

»Was wollen Sie hier bei den Kindern?« Sie ist reichlich ungehalten.

»Nichts will ich«, sage ich. »Und Bierholen, das kriege ich gerade so selber hin!«

Und das mache ich dann auch.

Ich kann warten

Es war eine Party, zu der ich nicht eingeladen war und wo ich auch niemanden kannte. Eigentlich wollte ich zu einer anderen Festivität, in der gleichen Straße. Leider hatte ich die Hausnummer vergessen. Daher bin ich Leuten gefolgt, die wie Partygänger aussahen. Und da ging's echt ab, überfüllte Kajüte sozusagen. Die Wohnung war voller als die Gäste, und niemand mußte sich um irgendwelche Möbel kümmern, da keine mehr vorhanden waren. Eine klassische Auszugsfeierlichkeit eben, mit der der Gastgeber seinen Bis-jetzt-Nachbarn ein letztes Mal so richtig auf die Nerven gehen wollte.

Bier gab es in Flaschen, sogar kastenweise. Frauen waren ebenfalls anwesend. Die Musik ließ sich nicht überhören. Es wurde wild getanzt. Und der Verhaltensweise einiger Gäste zufolge gab es Drogen, die haste noch nicht genommen. Ich wäre also blöd gewesen, nicht zu bleiben. Man weiß ja nie.

Allerdings habe ich ein generelles Partyproblem: Ich bin ein Hängenbleiber. Ich schaffe es nicht zu gehen, wenn es an der Zeit wäre, sich zu verflüchtigen. Erst habe ich ewig vorm Klo angestanden, bis mir der Gedanke kam, daß da drin welche sein könnten, die sich eher auf eine körperlich-kreative Weise zu erleichtern gedachten. Deshalb bin ich in die Küche gewankt und habe in die Spüle uriniert. War 'n bißchen eklig, wegen des darin ausgeworfenen Halbverdauten.

Mit leerer Blase konnte ich besser weitertrinken, tanzen, und später habe ich noch geknutscht. Sie hieß Veronika und wollte mich zu sich nach Hause nehmen, müsse nur mal eben schnell aufs Klo. Ich solle sie an der Tür abholen. Wollte ich ja. Wer nicht kam, war – na ja, klar.

Kam aber auch kein anderer aus dem Klo. Und dann nicht mal mehr wer an mir vorbei. Ich wurde den Verdacht nicht los, daß die Party vorbei war und niemand mehr da – niemand außer mir. Und Veronika. Wegen ihr wollte ich unbedingt bleiben. Schließlich war sie nicht irgendeine Frau, nein, sie ... sie hatte zum Beispiel Augen.

Was nur nützt einem eine Frau mit Augen, die sich nicht blicken läßt? Trotzdem wollte ich nicht an der Tür rütteln oder Veronika gar zur Eile antreiben. Auf eine Frau mit Augen wartet man ja gerne. Ich fühlte mich schon ein wenig dusselig, doch man gewöhnt sich bekanntlich an so einiges. Irgendwann würde sie aus der Toilette treten, umgeben von einem Glanz, vielleicht auch von einem Duft nach WC-Frisch, und alles würde gut sein. Bis dahin wagte ich nicht, meine Position zu verlassen. Drückte die Blase, entleerte ich mich in eine der herumstehenden leeren Flaschen. So war stets für ausreichend Flüssigkeit gesorgt. Verdurstet wäre ich also nicht. Und nach drei, vier Tagen hatte ich mich mit meinem Schicksal abgefunden.

Dann kam tatsächlich jemand, sogar zu dritt. Nicht aus dem Klo, sondern von woanders her. Offenbar besichtigte man die Wohnung. Einer zeigte, und die zwei anderen richteten ein, zumindest verbal. Das Regal passe prima dahin und das rote Sofa vors Fenster. »Wieso das rote Sofa? Ich denke, wir hatten uns geeinigt, beim nächsten Umzug endlich ein neues anzuschaffen.« »Ja, beim nächsten Umzug.«

»Ach so, na gut.«

Die Wohnung war ziemlich groß. Ich hörte die drei lediglich, zu mir drangen sie gar nicht vor. Komisch, wollten die sich denn nicht die Toilette anschauen? Für manch einen soll das Austreten ja das Wichtigste am Wohnen sein.

In der Folgezeit kamen ein paar Handwerker. Aber die ließen mich in Ruhe, grüßten freundlich, gaben mir mitunter ein paar Stullen ab, dafür spendierte ich ihnen die eine und andere Flasche Bier. Als sie tapezierten, trat ich zur Seite. Daß sie die Toilette nicht renovierten, wunderte mich. Andererseits war die sowieso besetzt. Veronika brauchte wirklich ganz schön lange.

Als die Handwerker fertig waren, zogen Harald und Sabine ein. Er Lehrer, sie Physiotherapeutin. Das übliche Problem: Man übertreibt's einmal auf der Klassenfahrt, und schwupps bleibste bei der Krankengymnastin hängen. Harald und Sabine waren nette Menschen, die keine Fragen fragten und immer nett grüßten. Sie hatten sofort akzeptiert, daß ich da stand, wo ich stand.

Abends brachte mir Harald die Reste vom Essen, trank mit mir eins meiner Biere, und wir plauderten über dies und jenes. Über die Liebe des Lebens beispielsweise. Daß wir beide da immer noch drauf warteten. Manchmal kam auch Sabine zu mir, massierte mir Verspannungen und Versteifungen fort. Und es war ein schönes Leben, stets getragen von der Zuversicht, eines Tages von Veronika mit nach Hause genommen zu werden.

Wenige Wochen nach ihrem Einzug veranstalteten Harald und Sabine eine Wohnungseinweihungsfeier, zu der viele Leute einliefen. Mit manchen ergab sich ein Gespräch, und als kein Bier mehr im Kühlschrank war, konnte ich weiterhelfen. Doch dann fragte mich jemand, ob ich am Klo anstehe.

»Nein, nicht so direkt.«

Daraufhin klinkte jener Jemand an der Tür, die sich tatsächlich öffnen ließ, und stellte fest: »Ach, ist gar nicht das Klo. Da ist ja 'n Treppenhaus.« Wohl der Hinterausgang.

Na so was! Ich trat hinaus. Da konnte ich also auch nach Hause gehen. Hat wohl doch keinen Zweck, immerzu auf Frauen zu warten. Ich stieg die Treppen hinab, kam aber nicht weit. In einer Fensternische saß Veronika und schlief. Ich sah ihr eine Weile dabei zu. Sie war genauso schön wie in meiner Erinnerung. Wahrscheinlich müßte ich sie nun küssen. Ich beugte mich zu ihr, atmete bereits ihren angenehmen Geruch ein. Nur kam mir das alles sehr seltsam vor. War ich ein Märchenprinz, oder was? Ich ging lieber. An der Haustür angelangt, hörte ich es von oben her brüllen: »Ey, du Arsch! Du kannst doch jetzt nicht so einfach abhauen!«

Ich sah hinauf. Veronika hing überm Treppengeländer und winkte mir zu: »Wie wär's, wenn du auf mich wartest?«

»Mach ich doch!«

Ich ließ sie die Treppe herunterpoltern. Bei mir angekommen, sagte sie: »Mensch, du hast dir vielleicht Zeit gelassen.«

Ich hob die Schultern. Veronika lächelte und hielt mir ein Bier vors Gesicht: »Magste?«

»Klar.« Ich nahm die Flasche und daraus einen Schluck. Schmeckte nicht viel anders als meine Biere.

Dann griff ich ihre Hand und wir gingen. Endlich.

II. BERLINER WEISSE MIT KNALL

Sei laut. Sei im Weg. Sei nicht von hier.

Berlin ist der beste Ort, den ich mir vorstellen kann. Und ich kann mir vieles vorstellen. Was ich mir nicht vorstellen kann: diesen Ort zu verlassen. Trotzdem wird es immer enger. Stichwort: Gastberliner. Die kommen hierher, um zu studieren. Werden erst nicht mit dem Freizeitangebot fertig, dann nicht mit dem Studium. Machen irgendwas mit Medien, einen Laden auf für überteuerten Kram, den keiner braucht, oder einen auf Kellnerin. Meistens aber machen sie nichts. Hängen bereits am Vormittag hinter einer Schale Milchkaffee in ihrem Stammcafé ab. Besprechen Projekte, die so gehaltvoll sind wie der Schaum auf ihren Oberlippen. Ihnen muß es an nichts mangeln. Alles vorhanden: Altbauwohnung, abgeschliffene Dielen, Gemüsetürke, Biometzger, Hosenhäkler, Haschafghane und jede Menge Freunde im gleichen Kiez. Das halbe Heimatdorf ist in die Nachbarschaft gezogen. Anfangs hat man sich sogar eine WG geteilt. Mit Lebenspartnern und Kindern wurde es bald zu eng. Nach wie vor sieht man sich jedoch täglich und muß dafür nur ein paar Schritte gehen. Egal deshalb, daß der öffentliche Nahverkehr Berlins seit gefühlten dreihundert Jahren nicht mehr funktioniert.

Lediglich einen echten Berliner haben sie nie so richtig kennengelernt. Ja, gut, den Wirt von der letzten originalen Eckkneipe in der Straße. In der war man mal am Anfang aus einer überschwenglichen Laune heraus. Mit seiner Bimssteinnase sah der Herr stark nach Eingeborenem aus. Inzwischen ist der ja raus. Dafür ist dort jetzt ein trendiges Trennkostlokal drin.

Und sonst? Gebürtige Berliner? Ach ja, dieser ulkige Bürgermeister, der standhaft behauptet, der neue Flughafen sei eine »Erfolgsgeschichte«. So realitätsfern können nur echte Berliner nach jahrelangem Schultheissmißbrauch sein. Und nun muß er bis zum bitteren Ende der Erfolgsgeschichte bleiben. Der Mann ist verdammt dazu, Berlin so lange zu regieren, bis er die Stadt vollends fertiggemacht hat.

Einer muß den Job ja machen. Der Rest von uns Urberlinern hält sich zurück. Wir sind eine eingeschworene Gemeinschaft von Menschen, durch deren Adern Spreewasser kriecht. Dicke, trübe Brühe. Uns verbindet, daß unsere Mütter und deren Mütter und so fort hier geboren worden sind. Fünf Generationen mindestens! Erkennen kann man uns nicht so ohne weiteres. Viele von uns berlinern nicht einmal. Wir wollen uns nicht gemein machen mit den Brandenburgern, die ihren Speckgürtelkomplex mit extraschnoddriger Artikulation zu vertuschen versuchen.

An sich ist gegen Gastberliner gar nichts zu sagen. So kriegen wir wenigstens was mit von der Welt. Der Berg muß eben zum Propheten kommen. Und wer lange genug bei uns bleibt, paßt sich den gesellschaftlichen Gepflogenheiten zwangsläufig an. Tauscht übertriebenes Freundlichsein ein gegen herzliche Ruppigkeit. Aus emsiger Betriebsamkeit wird überlegenes Überlegen. Uns Berliner müßte man allesamt verbeamten. Das wäre zudem gut für die Arbeitslosenstatistik. Wie wir vom Staat alimentiert werden, ist letztlich ooch schnuppe, wa?

Für Westberliner gab es früher die Berlinzulage. Mit der haben die Wessis hinter der Zone uns bezahlt, damit wir ihnen das

Symbol gemacht haben. Schaufenster der freien Welt, auf das die Völker geschaut und uns ihre Schulklassen vorbeigeschickt haben. Die wurden dann zur Mauer gekarrt, wo sie betroffen rüberlinsen mußten auf Stacheldraht und graue Fassaden.

Im Grunde wollte keiner was mit uns zu tun haben. Der Fortschritt fand woanders statt, während wir von Politikern regiert wurden, denen man außerhalb Berlins nicht einmal die Verwaltung einer Baumschule zugetraut hätte. Deswegen mußten alliierte Stadtkommandanten über uns wachen, obachtgeben, daß nichts übermäßig Schlimmes passiert.

Unseren Brüdern und Schwestern jenseits der Mauer erging es ähnlich. Auf die paßte zwar nur eine Schutzmacht auf. Aber sie mußten Hauptstadt der DDR spielen, wofür sie vom Rest der realsozialistischen Republik verachtet wurden. Und das nicht, weil die Halbstadt völkerrechtlich gesehen gar nicht zur DDR gehörte. Vielmehr wurden die raren Bananen stets nach Ostberlin geliefert und nie nach Leipzig. Und als der Staatsrat zum 750. Geburtstag Berlins das Nikolaiviertel wieder aufbauen ließ mit einer Mischung aus Plattenbauten und echten alten Häusern, kamen letztere nicht etwa durch ein Zeitloch zurück in die historische Mitte, sondern wurden andernorts abgebaut.

Daß so etwas nicht überall gut ankommt, ist verständlich und trotzdem nicht unsere Schuld. Ehrlich gesagt, es ist uns vollkommen schnuppe. Haßt uns, wenn ihr euch dann besser fühlt! Schleppt eure Rucksäcke, rollt eure Rollkoffer ruhig woandershin. Von mir aus nach Barcelona. Wobei Braunschweig für die meisten, die hier aufschlagen, schon aufregend genug sein dürfte. Sag mir, wo kommen all die Touristen her? Wer hat sie gefahren? Wer hat sie geflogen? EasyJet? Der Deutschen Bahn kann man in diesem Fall gewiß keine Schuld geben, es sei denn, der Zug von Paris nach Bratislava endete außerplanmäßig am Berliner Hauptbahnhof. Was noch lange keine Einladung ist, die Bannmeile zu durchbrechen.

Nicht umsonst ist der Bahnhof mit einem Einkaufszentrum ge-koppelt. Das sieht genauso aus wie in Hannover. So können Sie Souvenirs kaufen, lustige Wowibären aus Plüsch, und daheim heißt es: Man verpaßt nichts, wenn man nicht nach Berlin reist. Stimmt ja. Bleiben Sie bitte zu Hause! Hier gibt es nichts zu sehen.

Berlin ist häßlich. Herrlich häßlich. Wir haben die größten Bausünden der dreißiger, fünfziger, siebziger und neunziger Jahre. Wir haben Plattenbauten, den Steglitzer Kreisel, den Bier-pinsel, diverse Hoch- und Tiefbunker, das ICC, das Bundeskanz-leramt, den Alexanderplatz, das Europacenter. Und dann haben wir noch Unter den Linden. Das ist doch Paris für Arme! Fahren Sie also lieber gleich nach Paris. In Berlin werden Sie nur ange-bettelt. Vielleicht sogar ausgeraubt. Und bevor Sie's überhaupt bemerkt haben, ist Ihr Portemonnaie aus echtem Hornochsen-leder längst in Polen. Ja, wie wär's mit Warschau? Da ist es zwar auch nicht gerade schön, aber wenn schon, denn schon.

Ach, Sie wollen unbedingt nach Berlin? Man hat Ihnen vom um-werfenden Nachtleben erzählt? Vom extraordinären Flair. Von einer Brücke, auf der sich die Jugend der Welt trifft. Und von einer Diskothek, in der zu dumpfen elektronischen Klängen auf ungeputzten Toiletten die Generation von morgen gezeugt wird. Glauben Sie nicht alles, was man Ihnen erzählt. Auf einer Brük-ke können Sie auch woanders die halbe Welt treffen. Wie wär's mit Venedig? Allein wegen der Berliner Witterungsverhältnisse – entweder es ist zu warm oder es ist zu kalt – sollte man sich nie länger als nötig unter freiem Himmel aufhalten. Das gilt nicht bloß für die Brücke, sondern erst recht für den Technotempel. Da kommen Sie sowieso nicht rein. In Wahrheit war dort noch nie einer drin.

Sie glauben mir nicht?! Oder schlimmer: Sie haben bereits ge-bucht? Wenn es unbedingt sein muß, kommen Sie her. Aber Vorsicht! Bloß weil Sie im Urlaub sind, müssen Sie sich nicht so benehmen. Nehmen Sie irgendwo Platz, wo Sie niemandem im Weg sitzen. Für diesen Zweck gibt es zahlreiche Dampfer, die die Spree hoch und den Landwehrkanal runter schippern. Und zwei Buslinien gondeln quer durch die Stadt. Gucken Sie sich ruhig aufmerksam um. Doch bitte lesen Sie nicht laut aus dem Reiseführer vor. Neben Ihnen könnte jemand sitzen, der gerade keine Ferien hat.

Apropos, in Berlin herrscht Flüstergebot. Für Fremde. Wir Einheimischen können uns leider nicht daran halten. Das ist ein genetischer Defekt, weshalb wir in regelmäßigen Abständen brüllen und lautstark meckern müssen. Was woanders ein bedenkliches Syndrom ist, gilt bei uns als ethnische Eigenheit.

Gegen Berlin spricht übrigens auch das hier herrschende absolute Alkoholverbot. Ist wirklich wahr! Wer hier nicht seßhaft ist, sollte keinen Tropfen intus haben. Im Ausland hat sich fälschlicherweise das Gerücht verbreitet, es gäbe geführte Touren durch angesagte Kneipen. Da muß ein Übersetzungsfehler vorliegen. In Wahrheit sind das Strafprozessionen alkoholisierter Ortsfremder auf dem Weg in Sammellager. Eins heißt »Speicher«, ein anderes »Q-Dorf«. Dieser Name bezieht sich übrigens auf die geballte Provinzialität seiner Insassen.

Wir wollen keine grölenden Gruppen, die ihre Kleidung an rauhen Hauswänden aufschubbern und ihren Magenauswurf neben die Hundehaufen plazieren. In Berlin ist es seit alters her Sitte, die Gemeinschaft sofort zu verlassen, sobald man erste Anzeichen alkoholbedingter Verwahrlosung an sich bemerkt, um dann getrennt krakeelend nach Hause zu torkeln.

Niemals sollten Sie übrigens auf die Idee kommen, ein Fahrrad zu mieten. In Berlin fahren sowieso nur Selbstmörder Rad, während die Mörder motorisierte Fahrzeuge bevorzugen. Gleichwohl kämen Berliner im Gegensatz zu ihren Besuchern nie auf die Idee, nebeneinander Fahrrad zu fahren. Nebeneinander! Am besten gleich zu zehnt! Das geht gewiß in München. Oder in

Potsdam. Ja, besichtigen Sie Potsdam! Potsdam hat auch ein Brandenburger Tor. Freilich nicht so schön wie das unsere, dafür kann man es ungestört mit dem Fahrrad umkreisen, stundenlang – ein Spaß für die ganze Reisegruppe.

Ginge es nach mir, sollte man Berlintouristen generell nach Potsdam umleiten. Oder nach Brandenburg an der Havel. Dort besteht nicht die Gefahr, daß die Leute in die falsche S-Bahn steigen und versehentlich doch bei uns landen.

Man müßte lediglich ein paar der weltbekannten Sehenswürdigkeiten Berlins in Brandenburg nachbauen. Weil aber niemand, der nie zuvor in Berlin gewesen ist, weiß, wie groß Siegessäule und Fernsehturm tatsächlich sind, reichen kleinere Kopien. Und was noch? Wonach suchen Touristen außerdem? Nach 'ner kaputten Kirche! Das läßt sich leicht bewerkstelligen. Und der Potsdamer Platz? Ein Einkaufszentrum mit Elektromarkt, Nordseerestaurant und schwedischem Klamottenshop gibt es in Brandenburg garantiert schon. Den Touristen würde also nichts fehlen. Höchstens das spezielle Berliner Flair, der Duft nach den Hinterlassenschaften unterschiedlich entwickelter Lebewesen.

Oder man errichtet im menschenleeren Mecklenburg-Vorpommern eine Art Disneyberlin, Metropole zwei Punkt null mit lustigen Bären und Beerbikes, Fanmeilen, wohin du gehst, und jeden Samstag Love Parade. Dazu gibt's einen riesigen Flughafen, Shops, soweit das Auge reicht, und ein Stadtschloß, auf dessen Balkon sich alle zwei Stunden Klaus Wowereit zeigt, um unter Jubel zurückzutreten, zurück ans Büffet.

Ins echte Berlin würde bald keiner mehr wollen. Zumindest niemand, für den eine fremde Stadt wie eine Nutte ist. Man will Spaß mit ihr, doch hinterher hilft man nicht einmal beim Saubermachen. Solche Leute brauchen wir nicht. Weil wir Berliner genauso sind. Bloß wir dürfen das. Die Nutte ist nämlich unsere große Liebe. Bei der dürfen wir unseren Dreck einfach fallenlassen. Wir bleiben schließlich auch immer bei ihr.

Ja, Sie lachen. Halten das mit der Touristenumleitung für einen idiotischen Vorschlag? Zumal er jetzt ausgeplaudert ist. Sind Sie überhaupt jemals in Berlin gewesen? Also im richtigen? Seien Sie sich da mal nicht so sicher. Verhalten Sie sich aber vorsichtshalber allzeit so, wie auch Sie behandelt werden wollen. Sonst kommen wir vielleicht nächste Woche schon in Ihr Heimatdorf. Und zwar alle! Wir sind dreieinhalb Millionen, und die meisten von uns haben garantiert Zeit.

Unterwegs mit dem Exkremator

Sie da! Wir müßten uns eijentlich kenn. Ick saug hia in die Straße alle zwo Wochen den Hundekot uff. Ja, ooch Ihrn! Also ditte, wat aus'm Pöter von Ihrm Köter so rausquillt. Ick weeß, ick weeß, Sie ham sonst imma 'n Tütchen bei, jedet Mal, natürlich, nur nich heute. Vasteh ick, kann man ja ma vajessen. Alle zwo Wochen passiert det schon ma. Kenn ick, hör ick ständich, tageen tagaues. Nur frach ick ma denne, wo die janze Scheiße her is, wo Ihr Hundehalta doch sonst imma wat zum Wechmachen dabei habt? Außa wenn ick vorbeijefahrn komm. Oder kackt bloß Fiffi ins Tütchen, und für Herrchen und Frauchen besteht keenerlei Tütenpflicht? Ick sach ma so, hia, der Tank, der faßt dreihundat Lita, Alta, det sind dreihundat Lita Scheiße. Da isset ma, ja, scheißejal isset ma da, von wem die Kacke stammt, die da drin dampft. Voll is voll. Jetze sind bestümpt jrad ma noch zehn Zentimeta Luft. Kannste riechen, wa? Wenn ick nich uffpaß, kommt's irjendwann vorne zum Rüssel wieda raues. Is ma allet schon hundat Mal passiert, wobei det beste ... Darfste nich vajessen, da is allet drinne. Alle Sorten! Vor so'm Scheißesauga, oder wie wir vom Fach sagen: Exkrementeabsorbiera, vor so 'm Exkrementeabsorbiera is alle Scheiße jleich. Kennt man ja vom eijnen Stuhljang. Mal issa weich, mal issa hart, mal issa weiß, mal issa schwarz. Und det allet in eem Behälta. Dreihundat Lita Kacke! Der Wahnsinn, oda? Alleen dran zu denken is ekelhaft. Und ick kurv damit durch de Straßn.

Det Ding ist nich ma sonderlich jesichert, so wie 'n Jeldtransporta. Also neulich ... Ick sach ma so, man jewöhnt sich dran, det es uffem Arbeetsplatz 'n bißken strenga duftet. Vor allm so an hitzjen Taagn. Det is echtma 'n Erlebnis der speziellren Art. Und denne, det hätt ick ma früha ooch nich jedacht, der Jestank jeht ja direktemang in de Klamotten üba! Ick sitz da ja den janzen Tach vor. Die entweichenden Jeruchsströme suchen sich ebent 'nen neun Wirt. So wie die Flöhe von Ihrm Köta. Jaja, een Rassehund, een feina Rassehund biste. Een janz feina! Wat quatsch ick ooch mit Ihn? Sie ham ja nich ma 'n Tütchen für Ihmchen da inne Tasche. Ach? Eene Sie isset! Vastehe! So rein exkrementemäßig is ma det ja scheißejal. Wissense, früha ha'ick jedacht, Kot vonne Weibers wär anders wie der von uns Männers, würd am Ende vülleicht bessa riechn. Wat war ick naiv! Alleen die Frarje, weshalb Fraun stets zu zweet uffs stille Örtchen jehn, und ob die sich am Ende 'ne Kabine teiln tun, det hat ma so manche Nacht nich schlafen lassn. Deshalb ha'ick nach'm Abitur ooch nich jezögert. Wat kiekense denn? Noch nie 'n Müllmann mit Abi jesehn oda wat? Und ick hab sojar studiert! Davon wollt ick ja jrad erzähln.

Warum quiekt Ihr Köter eijentlich so? Muß der ma? So 'n Pech, wa? Und Sie ham keen Tütchen bei! Ick könnt ihm den Saugrüssel vom Exkremator hinten drannehalten. Exkremator, ja, so nenn wa det Ding intern. Exkrementeabsorbiera is irjendwie so sperrig. Und, na ja, Kotabsauger find ick ziemlich ordinär. Sie nich? Na, druff jeschißn. Ick jedenfalls hab denn mitten Studium bejonn, Fachbereich Versorjungs- und Entsorjungstechnik. Klar, so wat jibt's! Für Fiffi reicht det Tütchen, für Sie dajegn muß der Hohlporzellanthron her, oda etwa nich? Und denkense, et würde reichn, wenn irjendeen Töpfameester mal so'n bißken wat zurechtformt? Nee nee, is 'ne echte Wissenschaft.

Wennse 'n Batzen jesetzt ham, muß der ja denn mit Druck vom Plateau jespült werdn. Und jleichzeitich darf det keen Wassa vaschwendn. Im Labor ham wa so wat mit Normprüfkörpan jetestet. Für die markanten Spurn wurdn die Dingers übrigens mit Pflaumenmus einjestrichn. Seitdem kann ick keen Pflaumenmus mehr essen. Schlümm, wa?

Wußtense, det es 'ne DIN-Norm jibt, wie vülle Kunstkot een normalet Klo aushalten muß? Klar, hätt ma ooch jewundert. Ick verrat's Ihn: Vier von diese Prüfkörper – det simuliert een typischen mitteleuropäischen Normschiß – müssen bei eener Spülung fünf Meter weit Richtung Orkus surfen, sonst vastopfnse det Rohr. Harter Stuhljang flutscht unproblematisch wech. Schwierja wird's, wenn's quasi ausschließlich Pflaumenmus is. Wobei, da klebt de meiste Kacke eh anna Klobürste. Det Hauptproblem is ja der Papierverbrauch. Vor allem uff öffentlichen Anstalten. Erst wird de Brille abjeschrubbt. Als ob det irjendwelche Keime beseitjen tät! Klaro, is die total volljespritzt, die Brille, setz ick ma ooch nicht rinn. Det is ja eher so 'n Fraunproblem: Nich richtich hinhockn, aba die Brille untenlassn.

Det ham wa damals nich untersucht. Hygiene hat ja nüscht mittem Abfluß zu tun. Indirekt schon, weil – wollt ick ja ebent erzähln – vülle Weibers die Brille mittem Klopapier umwickeln tun. Und wenn det denn hintaher mit ins Rohr jejagt wird ... Da kannste jleich 'n Telefonbuch hintaherwerfn, wa?

Na ja, ick mußte mit dem Studium uffhörn, weil, det wurd bei mir so ziemlich obsessiv. Ständich ha'ick ans Austreten denken müssen, sojar beem Essen. Ick hab anjefang, ma bei Jerichten die Frarje zu stelln, wie vülle Wasser vonnöten is, um de Verdauungsrückstände nachher fortzuspüln. Und wie vülle Papier dit braucht. Det man da so seene Problemchen kricht, vor allem bei de Partnerwahl, dis könnse sich bestümpt vorstelln. Wat müssen die Weibers ooch immazu fraagn, wo man jrad so is mit de Jedanken! Ne Weile war ick denn mit na Klofrau zusamm. Ick kann Ihn saagn, die konnt Jeschichten berichten! Trotzdem, ick mußte da raues aus'm Metier.

Hab een Praktikum in so'm Lebensmittellabor anjefang. Hielt det für 'n juten Bruch mit de Vajangenheit. Vastehnse: Vom Scheißen zum Futtern. Und det konnt man wortwörtlich nehm. Ick bin nämlich in so 'ne Testphase rinnjeraten, wo's um Hundekekse jing. Jawoll Fiffi, da machste jleich große Oogen! Ick mein, an sich is det ja janz intressant jewesen. Bei Tiernahrung mußtes ja zwo Partein recht machen. Der Mensch soll vom Jeruch her gloom, et könnt dem Viech munden, aba det Viech musset ja ooch fressen. Und weil Köta nich so jute Laboranten sind, muß Mensch ebent kräftich zubeißn. Nu, et jibt echt Schlümmeret, wie uff Hundekekse rumkaun. Ick sach nua: Pflaumenmus! Und ick muß zujehm, ick bin voll uffen Jeschmack jekomm. Zwischendurch knabbre ick so wat janz jern, kommt bei de wenigsten Weibers jut an.

Meine Klofrau hat ma ooch valassen. Anjeblich hätt ick aus'm Mund jemüffelt. Nach Hundefutter! Ick war echt jeplättet von die Welt. Und wie ick denn jehört hab, die von der BSR suchen Chauffeure für 'n Exkremator, stand ick bei den sofort auf de Matte. War ja topqualifiziert: Ick kenn ma aues mit Scheiße und mit Köter jenauso. Jedenfalls mittem Futter, aba vom Futter hängt ja vülle ab. Und jawoll, ick mag meen Job. Insjesamt looft et janz jut. Bloß damals diesa Unfall! Richtich, von dem wollt ick Ihn ja erzähln! Ick war jrad uff 'm Wech zum Abpumpen, und da is ma so 'n beknackta Cabriopilot hinten rinnjedonnert. Also die Fontäne, die det jab, so wusch, die werd ick meen Lebtach nich vajessn. Ick kann von Jlück saang, det et mehr so nach hinten raues jing. Hab lediglich een paar Spritza abjekriecht. Ins Jesicht. Det Cabrio dajejn! Ob der Typ seene cremefarbnen Ledasitze je wieda saubajekriecht hat, det wag ick ja ma zu bezweifeln. Wobei, ick persönlich steh ja uff kackbraun. Is jedenfalls besser wie pflaumenblau.

Das Berliner-Weiße-Geheimnis

Sitzt man in einem Berliner Ausflugslokal, also in einer belie-
bigen Kneipe, ist leicht zu erkennen, an welchen Tischen Touristen sitzen. Einer von ihnen, meistens Mutti, hat einen mittel-
großen Humpen vor sich, mal als schnöden Plastebecher, mal
pokalhaft mit Stiel. Die schaumgekrönte Flüssigkeit darin ist
quietschgrün oder quietschrot. Klar, dort wird Berliner Weiße getrunken. Jene Bierspezialität, die das Zeug zu einem identitäts-
stiftenden Getränk hätte, dem Kölsch ebenbürtig, das ist auch
obergärig, würden in Berlin nicht Zugezogene das Sagen haben.
Für die ist Berliner Weiße nichts anderes als ein Touristentrunk.
Bunte Brause für Banausen. Hauptsächlich mag das der Tatsa-
che geschuldet sein, daß die in den Achtzigern nach Westberlin
Gezogenen ausschließlich Kneipen frequentiert haben, in denen
schwäbische, badische, bayrische, westfälische, schleswigsche,
holsteinische, friesische oder sonstwelche Landsleute von ihnen
rumhingen. Und die tranken in der Regel Beck's – ein Bier, das
weder was mit Berlin noch mit ihrer alten Heimat zu tun hatte,
das irgendwie weltläufig sein sollte, verwegen. So ein frisch ge-
öffnetes Beck's duftet leicht nach Hanf. Aus der Werbung kannte
man zudem dieses große, grüne Segelschiff, und die Flüssigkeit

in den kleinen grünen Fläschchen erinnerte manche Landratte an spritzige Gischt, solange man sie eiskalt trank. Ungekühlt schmeckt die Plörre eher wie Walfischspucke.

Berliner Weiße gab es in angesagten Läden gar nicht. Die lernte man erst kennen, wenn einen die Eltern das erste Mal besuchten. Mit denen ging man möglichst weit weg von zu Hause in ein gutbürgerliches Lokal, wo einen niemand kannte, und Mutti bestellte garantiert so ein lustiges Biermischgetränk. »Berliner Weiße mit Schuß« – so hieß in den Achtzigern eine Fernsehserie mit Günther Pfitzmann. Der gesetzte westdeutsche ZDF-Zuschauer und seine Kinder mußten mitansehen, wie ulkig es in der Frontstadt zuging. Selten wurde der Ruf eines Getränks so nachhaltig zerstört.

Irgendwann Ende der Neunziger kamen die auswärtigen Eigentümer der Kindl-Brauerei außerdem auf die grandiose Idee, fertiggemischte Weiße auf den Markt zu bringen. Im Grunde war das ein früher Alkopop, bloß ohne Schnaps. Entsetzlich süß, entsetzlich bunt, und jetzt neu in den Geschmacksrichtungen Mandarine und Hubba Bubba.

Folge dieser Fehlentwicklung: In vielen Geschäften gibt es längst keine ungemixte Weiße mehr zu kaufen. Dabei muß man als Berliner immer zwei große Flaschen Sirup im Kühlschrank haben, rot und grün. Das Zeug hält ewig, ist ja nur buntes Zuckerwasser. Allerdings setzt sich der Zucker nach ein paar Jahren am Flaschenboden ab als lustiges Kristallgebilde. Denn allzuoft kann man Berliner Weiße auch nicht trinken, abgesehen davon, daß ich persönlich das Zeug ohne Sirup bevorzuge. Ein wunderbarer Drink für sonnige Nachmittage! Säuerlich, mit wenig Alkohol und vor allem herrlich moussierend.

Wie aber – so mag man sich nach dem Genuß eines Gebindes fragen – ist es möglich gewesen, in einer so harten Gegend, in Preußen, wo sie Tag und Nacht Unter den Linden auf und ab marschiert sind und sich abends mittels einer rohen Kartoffel in den Schlaf gekaut haben, diese verflüssigte Variante einer luftigen Sommerbrise zu brauen? Ist das ein weiterer Beitrag der zugezogenen Hugenotten, die den dumpfen Spreeindianern französische Lebensart übergeholfen haben, die sich bis heute in filigranen Spezialitäten wie Buletten, Muckefuck, Sahnebaiser und anderem Klamauk darlegt?

Nein, das nicht. Trotzdem kommt die Geschichte der Berliner Weiße nicht völlig ohne Franzosen aus. Dazu gleich mehr. Ich war gerade zwölf geworden, als mich mein Vater in die Küche bat und bloß sagte: »Grün oder rot?« Sonst fragte er meine Mutter das, wenn sie Berliner Weiße trinken wollte. Ich war stets auf später vertröstet worden. Nämlich auf den ersten Sonnentag nach meinem zwölften Geburtstag. Seit alters ist dies der Stichtag für jedes echte Berliner Kind, vom Vater sein erstes Bier eingeschenkt zu bekommen.

Bedächtig ließ Papa den zähen Sirup ins spezielle Weißegefäß rinnen, das eher eine Schale war als ein Glas. Ich hatte mich für rot entschieden, das war meine Lieblingsfarbe. Dann hebelte Papa die bauchige Flasche auf, es zischte, und er goß ein. Eine Weile verging, bis der gesamte Flascheninhalt im Pokal Platz gefunden hatte. Unter der gewaltigen weißen Schaumkrone leuchtete es rot, Kohlensäureperlen schlugen unablässig gegen das Glas.

Zuletzt steckte Papa uns Strohhalme ins Getränk. Die wurden in der Besteckschublade aufbewahrt und waren allein dem Weißegenuß vorbehalten, nach welchem sie auch immer wieder abgewaschen wurden. In Westberlin mußte man eben sparsam umgehen mit Verschleißteilen. Den Strohhalm braucht der Weißetrinker, um den schnell schwindenden Schaum zurückzuholen. Für mich als Kind vermutlich spannender als das Getränk. Und die Geschichte, die mir mein Vater währenddessen erzählte, das Geheimnis, in das er mich einweihte, habe ich erst nach Jahren vollständig verstanden. Ohne Berliner Weiße gäbe es mich wohl nicht.

Die Hugenotten waren bei weitem nicht die letzten Franzosen, die uns Berliner nachhaltig prägten. Als Napoleons Truppen die Stadt im Herbst 1806 besetzten, haben sie sich nicht nur für die Quadriga vom Brandenburger Tor interessiert, die in zwölf Kisten verpackt gen Paris umzog. Die Soldaten hielten auch Ausschau nach jungen Berlinerinnen und alkoholischen Getränken. Der absolute Renner war die Weiße. Pils gab es noch nicht, dafür jedoch rund siebenhundert Weißbierlokale.

In einem davon muß sich der aus der Champagne stammende Jean Regnier vom fünften napoleonischen Kürassierregiment in die bildhübsche Liselotte aus Moabit verguckt haben. Zu gern hätte er ihr unverzüglich sein Zelt gezeigt. »Voulez-vous visiter ma tente?« hat er gefragt. Sie aber war eine taffe Berliner Göre. »Hey, mach ma hier keene Fisematenten!« Eine wie die Lotte aus der Huttenstraße ließ sich nicht im Vorbeigehen pflücken. Der mußte man schon den Hof machen. Und das konnte Jean Regnier aus Reims. Er war galant, sah dufte aus und trug eine schnieke Uniform. Schließlich wurde er vorstellig bei Liselottes Vater Heinrich, einem grundsoliden Bierkutscher mit breitem Backenbart. Der schickte seine Tochter sofort in den Keller nach ein paar Flaschen Weiße. Die waren halb im Lehmboden eingebuddelt und daher angenehm kühl. Damals versetzte man das Bier mit keinem süßen Schuß, sondern trank es pur und dazu einen ordentlichen Kümmel.

Jean Regnier sprach zwar kaum Deutsch und Heinrich Schulze noch weniger Französisch, aber über die gemeinsam genossene Weiße kamen sich die beiden näher. Jean Regnier mochte diese so sehr, daß er für einen Moment sogar die reizende Liselotte vergaß. »Très très bien!« rief er wieder und wieder. »C'est le Champagne du Nord!«

Was war Heinrich Schulze stolz! Seine Berliner Weiße – als Bierkutscher fühlte er sich quasi als Mithersteller – wurde von einem echten Franzosen gleichgesetzt mit Champagner! Ein Besitzer derart feiner Geschmacksnerven war es wert, mit seiner einzigen Tochter auszugehen – egal, daß er zu den französischen Besatzern gehörte.

Als mein Vater das erzählt hatte, schlürfte ich gerade den letzten süßen Schluck durch meinen Strohhalm. Warum erzählte er mir das? Papas Augen blitzten. »Ein Jahr später brachte Liselotte die kleine Charlotte zur Welt, deine Ur-Ur-Ur-Ur-Ur-Großmutter!«

»Heißt das«, ich verschluckte mich fast, »mein Ur-Ur-Ur-Ur-Ur-Großvater war Offizier unter Napoleon?«

»Du hast ein ›Ur‹ vergessen!«

»Und wenn schon! Hätteste mir das nicht früher erzählen können? Napoleon kam letztes Jahr im Geschichtsunterricht vor. Da hätte ich mit angeben können!«

Mein Vater lächelte. »Das ist das Weißegeheimnis unserer Familie. So was erzählt man nicht mal eben so. Offiziell hieß der Vater von Charlotte ja Gustav. Jean Regnier mußte nämlich mit Napoleon weiter nach Moskau ziehen. Wo sich seine Spuren verlieren. Und noch im gleichen Jahr, vor der Geburt Charlottes, hat Liselotte Gustav Kurz aus Friedenau geheiratet, einen langweiligen Finanzbeamten, der keinen Alkohol vertrug.«

»Und woher willst du das mit diesem Offizier dann so genau wissen?«

»Du glaubst doch nicht, Heinrich Schulze hätte das mit dem Champagne du Nord für sich behalten können. Noch eine?« Er stand auf.

Die Qualität von Berliner Weiße wird tatsächlich besser, je länger man sie lagert. Ihre Kohlensäure vermehrt sich, der Alkoholgehalt steigt, und insgesamt wirkt das Getränk runder und fast so köstlich wie Champagner. Wo er recht hatte, hatte der Franzose Jean Regnier vom fünften napoleonischen Kürassierregiment also recht, auch wenn alles vielleicht ganz anders gewesen ist. Ich war nun mal angeschickert vom ersten Bier meines Lebens. Nachfragen ging nicht, denn über das jeweilige Weiße-

Geheimnis redet man in Berliner Familien ausschließlich am ersten Sonnentag nach dem zwölften Geburtstag der Kinder. Da ich keine Geschwister habe, gibt es niemanden, mit dem ich den Wahrheitsgehalt meiner Geschichte abgleichen könnte.

The KSK took my health away

Eine Weile lang war ich schon stolz darauf, Mitglied der Künstlersozialkasse zu sein. Freude spielte da auch eine Rolle. Kranksein gehörte seit jeher zu meinem Selbstverständnis als Schreibarbeiter. Mit dem Bescheid der KSK – so kürzen Eingeweihte die Künstlersozialkasse ab – bestätigte mir zudem zum ersten Mal eine staatliche Stelle, daß ich Künstler war. Ich rahmte den Bescheid ein und hängte ihn neben meine Wohnungstür, um Post- und Paketboten darauf vorzubereiten, von mir selbst nachmittags nur notdürftig bekleidet empfangen zu werden.

Auch meine Nachbarn wußten nun, warum ich so ein unstetes Leben führte, warum bei mir bis tief in die Nacht Licht brannte, mich ab und an seltsame Gestalten besuchten, die laut lachten, in unregelmäßigen Abständen grölten und mitunter mit Getöse vom Stuhl fielen. Begegnete ich fortan anderen Mietern, sahen sie mich viel freundlicher an, fragten nach meinem Befinden und fanden mich offenbar nett.

Insgesamt führte ich ein angenehmes Leben, und manchmal dachte ich sogar darüber nach, was ich denn so für Kunst machen sollte, als es eines Tages an meiner Tür klingelte: »Guten Tag, Schmittke von der KSK.«

Ich war beeindruckt. Vor mir stand eine Frau, wie ich sie mir nie hätte vorstellen können. Jedenfalls nicht im Dienste der KSK.

Künstler sind sensible Menschen. Vor allem männliche. Und behandelt man Künstler schon mal sozial, muß man ihnen auch eine große schöne Frau vorbeischicken, die gut küssen kann und ab und an haucht, was für ein Genie man sei. Frau Schmittke von der KSK hingegen entsprach meinen Erwartungen nicht im Geringsten. Vielmehr entsprach sie genau dem Gegenteil davon. Na ja, weiblich war sie wohl. Der Rest an ihr jedoch wirkte wenig kreativitätsfördernd. Und hauchen konnte sie kein bißchen. Frau Schmittke krächzte eher. »Wie wär's, wenn Sie mich mal hineinbäten und mir einen Kaffee kredenzten?«

»Oh, Verzeihung!« fiel ich aus meinen Gedanken. »Sie müssen entschuldigen, ich bin nun mal ein Künstler.«

»Ja ja, versteh ick. Sie haben bestimmt mit meiner Vorgängerin gerechnet. Bloß so schön wie sie ist, wird die in einem fort schwanger.«

»Wie bedauerlich!«

»Ach ja, Sie wissen sicher selber, wie das ist. Künstler sind so intuitiv. Die denken an nichts als ihre Lust und lassen alle Hemmungen fahren.«

Ich wußte nicht, wie das ist. Dafür sah mich Frau Schmittke an, als würde sie mir am liebsten den Hosenstall aufbeißen.

»Äh«, fragte ich, »mögen Sie Kaffee?«

»Trinken Sie ebenfalls einen Kaffee?«

»Ja, klar!«

»Das muß sofort aufhören!« Frau Schmittke zückte einen Block. »Kaffeekonsum ist überhaupt nicht gut für die Gesundheit.«

»Haben Sie nicht eben nach Kaffee gefragt?«

»Das war eine Fangfrage! Ich will herausfinden, ob Sie sich gut ernähren.«

»Kommen Sie doch erst mal rein«, schlug ich vor. »Ich kann Ihnen allerdings nur Leitungswasser anbieten.«

»Haben Sie keinen Alkohol? Aquavit wäre gut.«

»Ist das wieder eine Fangfrage?«

»Theoretisch ja. Augenblicklich könnt ich wirklich einen Aquavit vertragen, so mies wie's hier riecht.«

»Ach, das ist Knut, ein Kollege von mir.« Ich deutete auf das schlafende Filz- und Klamottengebirge in meiner Sitzecke. Frau Schmittke trat näher heran. »Ein Verwesungskünstler?«

»Eher ein Ausdauerkünstler. So lange wie er hält es niemand aus bei mir.«

»Verständlich«, krächzte Frau Schmittke. »Deshalb schlage ich vor, wir gehen gleich mal zur Routineuntersuchung über.«

»Hier oder wie?«

Frau Schmittke konnte tatsächlich ansatzweise lächeln. Und der Haifisch, der hat Zähne. »Nein, nein, keine Angst! So was machen sogar bei uns Profis. Wir fahren zu Doktor Grind am Zoo.«

Wir nahmen ein Taxi, das ich bezahlen durfte. Dafür erfuhr ich auf der Fahrt Näheres über die Qualität von Doktor Grind. Er sei der beste Bahnhofsarzt, den man sich vorstellen könne. Er habe unlängst einen doppelten Bypass mit einem einzigen Strohhalm gelegt. Ich zeigte mich beeindruckt und ließ mir auch nichts anmerken, als sich herausstellte, daß sich Doktor Grinds Praxis in der hinteren Bahnhofspassage befand, zwischen zwei Schließfächerschrankwänden. Wenigstens war das Wartezimmer fast leer, und die wenigen Wartenden schliefen. Ich kam also gleich ran. Der Doktor hatte das fettigste Haar seit Einführung von Dunstabzügen in Fritierfabriken. Ich beschloß spontan, wieder zu gehen.

»Halt halt, wo wollen Sie hin?« rief Frau Schmittke.

»Ich laß mich doch nicht von dem da untersuchen!«

Frau Schmittke sah mich ernst an. »Ich verstehe Ihre Bedenken, ja. Aber Sie haben garantiert keinen Hausarzt.«

Ich bejahte betreten.

»Da kriegen Sie heutzutage nichts Besseres mehr. Außerdem ist er billig. Und stellt er einen Organverschleiß fest, kann er gleich Ersatz einsetzen!«

Ich gab mich geschlagen. Doktor Grind lächelte fies. »Keine Angst, tut nicht weh.« Mit einem Hammer drosch er mir in die Bauchgegend. Das tat sehr wohl sehr weh. »Hab ich's mir gedacht, die Leber ist bald hinüber. Zufälligerweise ist kürzlich eine frische reingekommen.« Er deutete auf einen dunkel schimmernden Fladen, der in einer verbeulten Blechschüssel auf seinem kleinen Tischchen stand.

»Noch ganz frisch?« rief ich. »Von wem ist die denn, diese Leber?«

»Harald Juhnke.«

»Was?« Ich war erschüttert. »Der ist doch schon ewig tot!«

»Immerhin war er die letzte Zeit seines Lebens trocken«, schaltete sich Frau Schmittke ein. »Das findet man in Ihrer Berufsgruppe eher selten.«

Doktor Grind griff derweil nach einem schartigen Skalpell und einem Schleifstein. »Können wir jetzt? Sonst hau ich mir das Ding in die Pfanne. Hab ziemlichen Schmacht.«

»Wie?« rief ich. »Sofort?«

»Fixer Service, nicht?« freute sich Frau Schmittke. »Doktor Grind ist der erste Cut-and-Go-Chirurg Berlins. Zahlt alles die Kasse. Nur zunähen müssen Sie selber.«

»Äh, ich glaub, ich ... Ich hör lieber mit dem Trinken auf. Und mit der Kunst.« Für meinen anschließenden Dauerlauf hätte ich bei jeder normalen Krankenkasse Bonuspunkte bekommen. Aber ich war ja in der KSK.

Berliner Halloween

Was für ein Wetter! Der letzte Tag im Oktober, und man meint, es sei der letzte Tag aller Zeiten. Heute gehe ich garantiert nicht raus. Am besten bleibe ich ganz im Bett. Deutschlandfunk überträgt einen evangelischen Gottesdienst. Richtig, Reformationstag. Früher war das in Berlin mal ein Feiertag. Wurde abgeschafft, damit die Leute hier mehr arbeiten können. Schlechter Scherz. Ein Feiertag ist in Berlin ein Tag wie jeder andere, mit dem einzigen Unterschied, daß der Flaschenautomat bei Kaiser's nicht zugänglich ist.

An meiner Tür klingelt es mit derart schriller Vehemenz, die es mir unmöglich macht, mich in Ignoranz zu üben. Muß ich etwa wieder ein Paket annehmen, weil alle anderen im Haus es nicht bis zur Wohnungstür schaffen oder der Postbote nicht in den vierten Stock steigen will? Verfluchte Lieferdienstgesellschaft! Früher sind die Menschen für ein Pfund Pfeffer um die halbe Welt geschippert, heute bestellen sie sich selbst Katzenstreu im Internet.

Ich ziehe meinen Bademantel über und öffne die Tür. Im Flur steht gar kein Paketmann, da stehen drei verkleidete Kinder: eine Fee, ein Pirat und ein Skelett. »Süßes oder Saures?« quietschen sie. Richtig, heute ist Halloween, das Fest der zu Fratzen verstümmelten Kürbisse! In den letzten Jahren sind die Kids immer nach Anbruch der Dunkelheit gekommen. Auch wenn der Tag heute nicht besonders hell zu werden scheint, es ist nicht einmal Mittag! Hinter mir dröhnt gerade die Orgel der Rundfunkübertragung. »Ein feste Burg ist unser Gott.«

»Müßtet ihr nicht in der Schule sein?« wende ich mich in meiner Eigenschaft als Hobbyoberlehrer an die drei.

»Nee, wir ham heute frei!«

»Von wegen. In Berlin wurde der Feiertag schon abgeschafft, als eure Eltern sich noch nicht einmal kannten.«

»Wir kommen aber aus Brandenburg!«

»Aus Brandenburg? Und was macht ihr dann hier?«

»In Berlin ist mehr zu holen.«

»Aha! Haben euch das eure Eltern weisgemacht?«

»Nee, aber die ziehen selber von Tür zu Tür! Gegen die Erwachsenen haben wir bei uns im Dorf keine Chance.«

»Na, gut, ich werd mal gucken, was ich habe.«

In meiner Kammer sieht's ziemlich mau aus. Ich kann den dreien ja wohl kaum Kartoffeln andrehen. Oder Zitronen. Ah, was lächelt mich da hinten an? Ein lila Schmunzelhase. Und seine Eier hat er auch noch.

Die drei im Flur betrachten meine Gabe skeptisch. »Das ist der fürchterliche Herbsthase«, erkläre ich. »Ein alter Berliner Brauch. Der wurde früher stets mit Eiern zu Tode – äh – geeiert. Könnt ihr in Brandenburg natürlich nicht kennen. Nun, nehmt's schon! Sonst überleg ich's mir anders.«

Mit hängenden Schultern und ollen Hohlkörpern in Stanniolpapier ziehen die Kids ab. Endlich bin ich das Zeug los! Hätte ich sowieso nie gegessen. Bereits letztes Ostern hatte ich das nicht mehr gewagt.

Kaum eine halbe Stunde ist vergangen, als es erneut klingelt. Diesmal stehen im Hausflur drei kaputte, schmutzige Bettlaken, die mir ungefähr bis zum Bauchansatz reichen. Und daneben ein nicht viel größeres, in Pennytüten gehülltes Kind.

»Süßes oder Saures?« Mir schnellen verklebt aussehende Pfoten entgegen.

»Seid ihr auch aus Brandenburg?«

»Was 'n Brandenburg, Lan?«

Oha! Echte Berliner Schulschwänzer. Da kann ich mir jede Pädagogik von vornherein sparen. Ich gebe den vieren je eine Kartoffel.

»Ey, was solln wir damit? Wir wolln rischtisch Süßes, Mann!«

»Na, wenn ihr die Kartoffeln nachts rauslegt, kriegen die garantiert Frost. Und Kartoffeln, die Frost kriegen, werden voll süß.«

»Okay! Guter Trick, Lan! Danke!« Sie wenden sich zum Gehen.

»Gerne. Eine Frage hab ich noch. Als was bist du verkleidet?« Ich zeige auf den Jungen im Pennytütenkostüm. »Bist du das Gespenst des Kapitalismus?«

»Nee, Mann, das ist von Fasching. Und Mama hat gesagt, für so 'nen heidnischen Scheiß zerschneidet sie kein Bettlaken.«

»Ey Lan, quatsch nisch und komm!«

Als ich wieder liege, gucke ich auf die Uhr. Viertel nach zwölf. Irgendwie ist das ja lustig. Geht das jedoch so weiter, muß ich nachher wohl noch raus. Nicht mal mehr Alkohol habe ich im Haus. Da fällt mir ein: Was war eigentlich mit der Tüte Gummibärchen? Bei einer Einzelausgabe müßte die für den restlichen Tag reichen. Auf die nächsten Kinder muß ich auch nicht lange warten. Diese sind verkleidet wie zwei Kinder von Bioeltern. Das ist zwar durchaus erschreckend, paßt aber nicht zu Halloween.

»Eure Mütter wollten wohl keine Bettlaken für den heidnischen Scheiß zerschneiden?« beginne ich, bevor sie ihre Anfangsformel kreischen können. Irritiert mustern sie mich. »Wieso?« fängt das Mädchen an. Sie trägt eine runde Brille. »›Halloween‹ ist doch die Kontraktion von ›All Hallows' Eve‹, und das benennt den Tag vor Allerheiligen.«

»Häh? Kontra? Was?«

Das Mädchen rollt mit den Augen. Der Junge betrachtet betreten die Spitzen seiner Schuhe. Die beiden scheinen unter der Dummheit eines Erwachsenen wie mir physisch zu leiden.

»Kostüme tragen wir keine«, sagt der Junge schließlich, »weil wir niemanden erschrecken wollen.«

»Und das mit den Heiligen?«

»Nicht so wichtig«, sagt das Mädchen, »geben Sie uns einfach was, und wir lassen Sie weiterschlafen.«

»Ausnahmsweise!« sage ich und präsentiere die Haribo-Tüte. Jeder darf einmal reingreifen. Der Junge will's gerade tun, da faßt ihn das Mädchen am Arm. »Aber nicht doch, das sind die bösen, die essen wir nicht, die sind aus Schweineknochen.«

»Oh, das tut mir leid«, sage ich, »was anderes habe ich nicht.«

»Süßes oder Saures!« entgegnen mir die Kinder.

»Echt jetzt, die Kartoffeln sind auch schon weg.«

»Süßes oder Saures!«

»Ich hab aber nichts mehr.«

»Süßes oder Saures!«

Ich hole zwei Zitronen. Die Kinder gucken skeptisch.

»Immerhin sauer«, sage ich.

»Sind die wenigstens bio?«

»Ich glaub, es hackt!« entfährt es mir. Die beiden schrecken zurück, ich bewerfe sie mit den Zitronen und knalle die Tür zu. Zur Beruhigung kaue ich auf ein paar Gummibärchen herum. Mit einem Mal ist mir, als nagte ich an Schweineknochen. Angewidert leere ich die Tüte über dem Mülleimer aus. Jetzt bin ich doch genervt und setze mich, ohne das Licht anzuschalten, in den Sessel, von wo aus ich in die Dunkelheit starre. Jedes weitere Klingeln ignoriere ich, egal, wie lange es anhält. Dann kommt nichts mehr. Selbst Berliner Kids müssen irgendwann zu Hause sein. Ich nicke ein. Praktisch, daß ich mich gar nicht angezogen habe. Zu früh gefreut. Ein erneutes Sturmklingeln reißt mich fast aus dem Sessel. Die Uhr zeigt 22:20. Na, den Gören werd ich aber mal meine Meinung geigen.

Vor der Tür stehen drei Herren mittleren Alters, gekleidet in den Farben der aktuellen Ballonfahrersaison. »Süßet oder Sauret!« grölen sie, und mir schlägt eine abgestandene Bitterkeit entgegen.

»Okay«, sage ich, »wie wär's mit Gummibärchen?«

»Nee, lieber wat Richtjes!«

»Kommen Sie aus Brandenburg?«

»Wieso fragt uns das jeder?«

»Tut mir leid, ich hab wirklich nichts mehr.«

»Nich ma 'n kleenet Schnäpperken?«

»Nee, aber«, befällt mich plötzlich eine Idee, »die olle Katerbau aus 'm Dritten, die süffelt bestimmt gern mal am Likörchen.«

»Likörchen klingt jut.«

»Kommste mit?«

»Okay«, sage ich. Daß ich im Bademantel bin, stört weder mich noch meine neuen Kumpels. Und Frau Katerbau sieht sowieso nichts mehr. Sonst würde sie mich ja wohl kaum bei jeder Begegnung im Treppenhaus als jungen Mann begrüßen.

HA!

Er kam an einem Nachmittag und blieb über Nacht: Der Mann, der meine Waschmaschine reparieren wollte. Sie hatte gerauscht und gesurrt wie eh und je, bis es plötzlich HACKHACKHACK machte. Aufmerksam geworden, verließ ich meinen Beobachtungsposten am Fenster, um in der Küche nachzuschauen. Die Waschmaschine schien sich gerade eine kreative Pause zu gönnen, so still und friedlich stand sie da.

Ich trat näher. Noch näher. Ich hörte es gluckern. Das kam eindeutig aus dem Ablaufschlauch, der ins Spülbecken führte. Eine Weile lang starrte ich das graue Ding an und vernahm ein Gurgeln. Durch das Bullauge sah ich den Wäschebatzen im Wasser stehen. Nichts rührte sich mehr. Dann klang es wie ein Keuchen. Vielleicht war der Schlauch verstopft. Ich nahm ihn zur Hand und ließ ihn wackeln – ohne Ergebnis. Ich trat gegen die Maschine. Zwecklos, aus dem Schlauch kam bloß ein Röcheln. Ob innen wohl was feststeckte? Ich linste ins Stockfinstere, nichts zu sehen. Wieder schüttelte ich und trat ein weiteres Mal gegen die Maschine, folgenlos, also zunächst. Bis es dann sehr schnell ging. Es machte erneut HACKHACKHACK, und ich hielt noch immer die Schlauchöffnung vor mein Gesicht, in das sich jetzt mit einem kräftigen WOSCH all das Wasser ergoß, in dem bis eben meine Wäsche geschwommen war. Nun schwamm etwas anderes, und ich triefte so vor mich hin. Hätte ich mir das Duschen ja sparen können, letzte Woche.

In meiner Verzweiflung rief ich nach einem Monteur, der wenig später tatsächlich vor der Tür stand. Dafür brauchte es nicht mal ein Telefon. Der Mann war gerade im Haus, meinte irgendwas von neuer Bleibe und daß es bei den Schmidts im Ersten nichts mehr zu tun gäbe.

»Sie sind ja ganz naß«, sagte er beim Eintreten. »Regnet's?«

»Nein, sagte ich, »nicht einmal Hirn.«

Der Mann sah mich verständnislos an, schüttelte kurz Kopf und Schultern, so als ob es ihn fröstelte, machte »HA!« und ging in die Küche.

Sein »HA!« hatte mich so dermaßen erschreckt, daß ich einen Moment der Einkehr brauchte, um ihm folgen zu können. Diesen Vorsprung konnte der Mann nutzen, um die Waschmaschinentür zu öffnen, vorsichtshalber auf die gewaltsame Tour mit einem großen Schraubenzieher. Einzelne nasse Wäschestücke waren auf die Fliesen gepurzelt.

»Völlig überladen, das Ding. Kein Wunder!« bemerkte der Mann, als er mich hinter sich bemerkte, »immerzu reinstopfen, das geht gar nicht. Das geht gar nicht gut. Das nimmt sie dir übel.«

»Wer? Die Waschmaschine nimmt mir was übel?«

»Türlich!« Jetzt drehte sich der Mann zu mir um. »Gedankenloses Reinstopfen rächt sich irgendwann. Ist bei Waschmaschinen nicht anders als bei die Weiber.«

»Sie kennen sich da wohl aus.«

»Jedenfalls mit die Weiber«, sagte er. Und als ich ihn irritiert ansah, machte er wieder »HA!«.

»Kleiner Scherz, bin ja Waschmaschinenspezialist.«

»Sind Sie sich da sicher?« hakte ich nach.

»So sicher wie die Armen in der Kirche«, sagte er und begann, meine Waschmaschine zu leeren.

»Welche Armen in der Kirche?«

»HA!« sagte er, ohne von meiner Wäsche zu lassen. »Mit Frauen kennen Sie sich wirklich nicht aus, was?«

»Wovon reden Sie?«

»Na, hier!« Zum Beweis schleuderte er mir einen ollen Schlüpfer entgegen. So schräg von unten herauf, unhaltbar, der flatschte mir voll ins Gesicht, und der Typ setzte noch nach mit einem T-Shirt, auf dem stand: »Spiegelleser wissen mehr.«

»Wo habense dit denn her?«

»Das zieh ich manchmal als Schlafanzug an.«

»Sag ich ja«, sagte der Mann und klopfte mit einem Schraubenzieher die Trommel ab, bewegte sie hin und her. Dann richtete er sich wieder auf. »Eigentlich alles in Ordnung.«

»Eigentlich?«

»Die Tür ist kaputt.«

»Das waren ja Sie!« Ich war aufgebracht.

»Ging nicht anders. Aber keine Sorge, ich bestell 'ne neue.« Er wandte sich dem Küchentisch zu, auf dem lag mein schnurloses Telefon.

»Das geht nicht«, beeilte ich mich zu sagen.

»Soso«, er holte ein Telefon aus seiner Jackentasche und drückte ein paar Tasten. »Ja, hallo. Ich bin's. Notfall.« Und so weiter. Er quatschte eine ganze Weile mit der Frauenstimme, die für mich undeutlich aus seinem Gerät drang. »Na ja, ich weiß nicht.« Er sah mich an. »Schätze mal Student. Kann ja mal fragen.« Er fragte mich: »Sind Sie Student?«

»Ich?«

»Wer sonst?«

»Na, da am Telefon.«

»Die doch nicht«, sagte er. Die Stimme blubberte. »Sie steht nicht auf Studenten, sagt sie«, sagte er.

»Ich bin ja gar kein ...«

Er nahm mich nicht weiter wahr. Ins Telefon sagte er: »Und weißt du, was der als Schlafanzug trägt? HA!«

Ich fühlte mich mehr denn je wie ein begossener Pudel. Irgendwann beendete der Mann sein Gespräch. »So«, sagte er, »wir haben gerade keine neue Tür auf Lager. Erst morgen wieder.«

»Gut«, sagte ich.

Der Mann öffnete meinen Kühlschrank. »Auch 'n Bier?«

Als ich nichts sagte, nahm er nur eins heraus und hebelte es an der Kante der Waschmaschine auf.

»Was?« war das einzige, was zwischen meine Lippen paßte.

»Lohnt sich nicht für mich, nach Hause zu fahren. Stört Sie ja wohl nicht, wenn ich hier bis morgen warte, oder?«

»Was?« Ich hatte noch immer nicht mehr Text.

»Ich schreib die Stunden auch nicht auf«, sagte er, und als ich darauf gar nichts mehr zu sagen wußte, machte er wieder »HA!«.

»Ich bin übrigens Manne«, er prostete mir zu. »Kannst du zufällig kochen oder bestellst du mir 'ne Pizza?«

So kam es, daß Manne bei mir einzog. Natürlich nicht richtig, er wartet bloß auf das richtige Ersatzteil für meine Waschmaschine und das schon eine ganze Weile. Eine neue Tür hat Jochen bereits am nächsten Vormittag vorbeigebracht. Die war nicht das Problem. Die Waschmaschine wollte trotzdem nicht mehr waschen. Jochen meinte, es könnte auch die Pumpe sein, doch die war leider nicht auf Lager.

»Nächste Woche wieder«, versprach Doreen. Doreen ist die Frau, deren Stimme regelmäßig aus Mannes Handy blubbert. Mein Telefon geht hingegen nicht mehr. In einem unbeobachteten Moment hat Manne versucht, es zu reparieren. Obwohl lediglich der Akku leer war. Hätt ich ja mal vorher sagen können, motzte Manne.

Glücklicherweise kannte er wen, der sich mit so was auskennt. So ungefähr jedenfalls, denn Kalle schraubt bis heute dran herum. Wenigstens langweilt sich Manne jetzt nicht, wenn ich mal wegmuß, beispielspielsweise, um neues Bier zu holen und Schrippen und Salami. Jochen kommt mit den neuen Teilen meistens zum Kaffee, wobei da hauptsächlich Bier getrunken wird.

Bislang hat kein ausgetauschtes Teil meine Maschine wieder zum Laufen gebracht. Immerhin darf ich inzwischen persönlich mit Doreen reden. Manne ist manchmal wirklich ganz schön stramm. Doreen sagt, ihr gefällt meine Stimme, vielleicht besucht sie uns ja mal. Das würde mich freuen, ich mag ihre Stimme nämlich auch. Mit Manne und Kalle komm ich gut aus, und frage ich die beiden, ob sie was von dem verstehen, was sie da machen, rufen wir inzwischen alle drei gleichzeitig »HA!« und geben uns fünf.

Runter mit'm Müll

Ick hab meen Müll runterjebracht. Bessa jesacht, wollte ick det tun. Oder noch bessa: Der Müll wollte unbedingt herunterje-bracht werden. Ick hatte eher keen Bedarf. War draußen schließ-lich schon dunkel jewesen. Der Müll jedoch drängte, endlich ma an de frische Luft zu komm. Ick merk det imma an die Kronkor-kenmenge in de Spüle. Fängt's nämlich an zu klappern, wenn ick Wasser loofen laß, is det een eendeutjes Zeichen dafür, det der Müll dringendst wech will. Ick werf die Kronkorken ja in die Spüle, sobald der Müll anfängt, mich an meene vafloßne, aba mitnichten vaweeste Jattin zu erinnern. Beim Treten uffs Pedal, womit der Deckel hochklappt, strömt ma jedet Mal so 'ne üble Aura entjegen.

Marjot hat stets mittem Jebiß jeklappert, wenn ihr wat nich jepaßt hat. Dabei hat ihr vor allem det Jebiß nich mehr jepaßt, weil vülle mehr wie Lungenschrippen jingen der nich jroß üba de Lippen. Keen Wunda, bei de Pampe, die se zusammenjekocht hat. Ick hab det höchstens jejessen, um 'ne bessere Jrundlage zu ham.

Ick mittem Müll also los. Weit jekommen bin ick nich. Am Uff-zuch war erstma Schluß. Klar, det sind bloß zwee Etajen, aba ick habs ja so mit de Knie. Den janzen Tag sitzen, det macht's nich leichta. Und jetze kommt's: Im Fahrstuhl, da war wer drinne! Ne Frau, jroß, blond, roter Mantel. Die hatte ooch 'ne ziemliche Aura. War nich zu überschnuppan. Ha'ick kurz jezögert, ob ick würklich rinn sollte zu der. Andraseets, wann hat man schon so 'ne Jelejenheit? Und ick war sportlich jekleidet. Valleicht stand die Dame ja uff ältre Herrn. Kannste nie wissen.

Ick also rinn. Ha'ick ihr so zujenickt: »Nabend.« Von ihr dajejen: keene Reaktion. Natürlich. So sindse! Wollen imma anjesprochen werden, kriegen selba aba die Zähne nich außenanda.

Ick hatte die Tante nie zuvor jesehen. Und ick kenn alle, die in meen Haus wohn. Die meesten zwar bloß ausm Fenster oder durchs Kiekloch. Die war wohl zu Besuch dajewesen. Und schien so schnell wie möglich vaduften zu wollen. Alleen, wie die versucht hat, mich zu ignorieren! Jelungen isset ihr aba nich. Kaum hatte sich der Uffzuch in Bewejung jesetzt, wandte sich ihr Blick dem Beutel zu. Als ob ausjerechnet meen Müll det Interessanteste an mir jewesen wäre! Na jut, er tropfte, det bemerkte nu sojar icke. Meen Fuß stand da vasehentlich drunter, und ick ahnte gleich: Der Dame war det Dröppeln nich entjangen. Det ist ebent die besondre Intujizion von de Weiba. Ejal hätt et ihr dennoch sein könn. Waren ja nur wenje Sekunden bis nach unten. Eijentlich.

Doch zwischen erstem Stock und Erdjeschoß isset passiert: Erst ruckte es, det Licht ging aues, det Licht ging wieda an, und obwohl ick noch nie mit eem Uffzuch steckenjebliem war, wußt ick uff Anhieb Bescheid. Meen erster Jedanke: Jut, dette deen Bier mitjenomm hast! Vadurstet wär ick schon ma nich. Jedanke Nummero zwo galt der Dame. Deren Jesicht hatte een entsetzten Ausdruck anjenomm. Hoffentlich war die nicht labil, so psychisch jetzte. Na, die konnte froh sein, det se nich alleene feststeckte. Jemeinsam würden wa dit bestümmt durchstehn. Von meenem Biere hätt ick ihr selbstvaständlich wat abjegeben, 'n paar Schluck jarantiert, Frauen brauchen ja nich so vülle. Und falls se Hunger jekricht hätt oder icke: In meene Mülltüte wärn wa sicha fündich jeworden. War ja ooch 'n bißkin wie Marjots Eintopp.

Trotz der väänderten Situation machte die Dame weiter uff taubstumm. Mindestens een: »O Jott, sind wa jetzte steckenjebliem oder wat?« wäre doch drin jewesen. Statt dessen drückte sie een paar Mal wahllos uff de Knöppe. Als ob det wat helfen würde. »Nu lassense mal«, sag ick. »Sie überfordern ja nur die Mechanik.« Und die Frau sah ma nich ma an. Immahin gab se det Drücken uff. Dafür kramte sie nu in ihrem Täschchen. Det konnt ick echt nich so uff mir sitzen lassen, diese Ignoranz. Ick also: »Sie wohnen aba nich hier, oda?«

Die Frau kramte eenfach weiter. »Do you speak änglisch?« Valleicht war det ja 'ne Ausländerin! So jroß und blond wie die war, am Ende kam die aus Schweden. Kam se nich. Ohne mit dem Kramen uffzuhörn, sagte se nämlich doch wat, uff deutsch. Ick solle gefällichst ma die Klappe halten.

Sie zückte dann een Telefon, so 'n kleenet Teil, drückte voll druff rum, hielt et ans Ohr, kiekte wieder druff und drückte erneut und horchte und horchte und kiekte. Fluchte: »Verdammt, keen Empfang!«

»Nee«, schaltete ick ma wieda dazu, »so wat Vornehmet wie 'n Empfang ham wa nich.« Sie sah ma an. Mit jroßen Oogen und offner Gosche. Mir wurde janz fißlich, weshalb ick erst mal 'nen Schluck von meem Bier nahm. Die Frau hörte nicht uff, mir anzustarrn. »Oh«, entfuhr et mir, dabei lief mir 'n bißkin Flüssigkeit aus'm Mund, so seitlich. Ick hatte janz vagessen zu schlucken und hielt ihr nu die Pulle hin. »Wollnse 'nen Schluck?« Sie wollte offenbar nich. Vielmehr wich sie aus. Vasuchte det jedenfalls. Dabei war die Kabine dafür viel zu kleen.

Ick bemühte mir, ihr die Angst zu nehm. »Sie ham nicht zufällich diesem Studiosus im Dritten 'nen Besuch abjestattet?« Sie wirkte imma noch irjendwie erschrocken. »Der kriecht oft Damenbesuch«, fuhr ick unbeirrt fort. »Det is ja nich zu überhörn. Ick tu da direktemang drunterwohn. Wobei ebent, da war nüschte zu hörn. Sagense bloß, Se sind vor dem jeflüchtet?« Ick zwinkerte ihr zu. Schließlich warn wir eene Art Schicksalsjemeinschaft: die Frau, ick und meen Müll. Der war nich mehr zu überriechen. Beim besten Willen nicht. Erstaunlich, wie sich so Jerüche durchsetzen. Von dem Parfeng der Dame dajegen – keen Hauch mehr. »Wat wollnse eijentlich von mir?« keifte se. »Sie widern ma an.« »Is et wejen meen Müll oder wat? Is ja wohl imma noch bessa als wie 'n Köter.«

»Also nee, ey!« Die Frau jestikulierte, als müßte sie den nicht vorhandnen Hund abwehren.

»Und wat den Jeruch von meen Müll anjeht«, sagte ick, »eens kann ick ihn vasprechen: Nach 'ner Weile jewöhnt man sich dran.«

Die Frau blies Luft aus und sah zur Decke. Sie sah janz schön bleich aus. Und wat soll ick saagn: Die ist einfach umjekippt. Sah nicht jerade elejant aus. Det war mir ja noch nie passiert: Fällt 'ne Frau in meene Jegenwart in Ohnmacht. Wat machste da? Riechsalz oder so wat hatt ick natürlich nicht bei. Lediglich Riechmüll. Den ha'ick ihr dann so ans Jesicht jehalten. Außer det 'n paar Tropfen uff ihren Mantel jekleckert sind, ist nich vülle passiert. Draußen dajegen schon. Unsre mißliche Lage is nich unbemerkt jebliem. Und denn jab's plötzlich een Ruck, und wir fuhren weeter, wenn ooch in de falsche Richtung, Richtung Himmel. Zweeter Stock, dritter Stock. Die Dame kam wieda zu sich. Sah ma anjewidert an und rappelte sich uff. Im Vierten hielt det Jefährt, de Düre jing uff wie so 'n Vorhang und jab den Blick frei uff de olle Müller. Die stand vor ihrer offnen Wohnung und kiekte blöde. »Frau Müller«, sach ick, »so spät noch uff de Beene?« Die Müller is nämlich nicht mehr die Jüngste. Und Besuch hatte se ooch. In Uniform. Zwee Bullen. Seltsam, die Frau Müller, dacht ick, da stößt ma die Frau im roten Mantel so wech! Und die Müller fing mit eem Mal an zu kreischen: »Det isse! Det isse!«

Und de beeden Bullen hielten die Dame fest. Die hat die Frau Müller wohl ausjeraubt jehabt mit so 'nem Trick siebzehn.

Vastanden ha'ick det nich. Ooch nich, warum ick 'ne Belohnung jekriecht hab. Dabei war ick et ja jar nich, der die Frau uffjehalten hat. Na ja, ejal, wenigstens jrüßt man mich wieda im Treppen- haus. Sojar, wenn ick runter jeh mit'm Müll.

Ich bin nicht cool, ich war schon immer so

Die Gegend, in die ich damals gezogen bin, wirkte so, als habe die häßliche Vergangenheit der schönen Gegenwart vor die Füße gespuckt. Ich fühlte mich sofort wohl, allein weil ich meine Ruhe haben und nicht permanent daran erinnert werden wollte, wo man seine Zeit angenehmer verbringen könnte als am heimischen Schreibtisch. Um auszugehen, mich mit Freunden zu treffen und gelegentlich ordentlich einen draufzumachen, war ich dann halt ein bißchen unterwegs. Nicht schlimm in einer Stadt wie Berlin mit einem gut ausgebauten Nahverkehrsnetz, das einen normalerweise zu jeder Zeit mitnimmt – egal, wo man gerade steht, egal, wo man sich zu betten beabsichtigt. Mancher erlebt auf der Heimfahrt mehr als am ganzen gerade vergangenen Abend, vor allem, wenn es mal wieder etwas länger dauert. Der Weg ist das Ziel. Warum die BVG nicht unter diesem Slogan fährt, habe ich nie verstanden.

Das Durchschnittsalter meiner Hausgemeinschaft wurde von mir erheblich gesenkt. Anfangs fand ich das befremdlich. Genauso wie den mittäglichen Geruch nach Kohlsuppe und Kölnischwasser im Treppenhaus. Von den Nachbarn wurde ich eher scheel beäugt, oftmals durch Türspion und Küchenfenster. Die meisten wohnten schon länger als ihr halbes Leben dort, also unendlich lang. Im Nachhinein kann ich ihre Sorgen gut verstehen. Dabei gab ich keinen Anlaß zur Beschwerde. Krach machte ich woanders, vor allem den menschlich-nächtlichen. Ich ließ mich lieber mitnehmen und erlebte so die beglückendsten Augenblicke meines Lebens fernab der eigenen vier Wände.

Nicht bloß deswegen war ich der leiseste Mieter meines Hauses. Wenn ich denn mal tatsächlich wohnte, waren die Fernseher der anderen lauter als die Geräusche, die ich beim Computerspielen erzeugte. Manchmal fehlte mir die Lust für weitere Wege, so daß ich phasenweise ein wenig vereinsamte, was ich mit Egoshootern kompensierte. Angestachelt von durchs Gemäuer dröhnender Schunkelmusik, erzeugte ich wahre Symphonien aus elektronisch erzeugten Schüssen, Schreien und Explosionen.

Als ich eines späten Abends nach einer ausführlichen Game Session noch etwas aus dem Keller holen wollte, war das halbe Haus dort versammelt und begrüßte mich mit angstgeweiteten Augen. »Ist es vorbei?« Unsicher darüber, was sie meinten, nickte ich und wählte wohlgesetzte Worte der Beruhigung.

Den Keller habe ich seitdem gemieden, aber schon ein paar Tage später klingelte Frau Senfkorn bei mir. Ob ich Appetit auf Königsberger Klopse hätte, sie habe zu viele gekocht. Außerdem müsse man in Zeiten wie diesen zusammenhalten. Auch von anderen Nachbarinnen bekam ich nun mitunter Essen angeboten. Als ich einmal Frau Barsch den Topf zurückbrachte, bat sie mich in ihre über der meinen gelegene Wohnung. Die war überheizt und dem Geruch nach seit zwanzig Jahren nicht mehr gelüftet worden. Ich sei so groß wie ihr verstorbener Gatte Heinz-Herbert, eröffnete mir Frau Barsch. »Wollen Sie nicht ein paar seiner Sachen anprobieren? Die sind noch tadellos!« Weil ich höflich war, nahm ich welche mit, mit dem festen Vorsatz, sie im Container zu entsorgen.

Dann jedoch wurde ich auf eine Kostümparty eingeladen, und

ich ging als böser, alter Mann, was gut ankam, vor allem bei lieben, jungen Frauen. Eine, sie selber war als Sternschnuppe erschienen, fragte mich, warum ich nicht verkleidet sei. Ich erwiderte, das nicht nötig zu haben. Sie stimmte mir zu und hatte bald gar nichts mehr an.

In der Folgezeit ging ich mit Wiebke viel aus. Ich traute mich nicht, in meiner eigentlichen Garderobe bei ihr aufzukreuzen, und holte mir sogar Nachschub. So trug ich auch Klamotten anderer verstorbener Herren aus meinem Haus. In Wiebkes Bekanntenkreis fiel ich nicht groß auf. »Voll vintage«, hieß es mitunter. »Geil, Mann, wo kriegst du denn den coolen Stuff her?« Spätestens beim dritten Mal wußte ich die richtige Antwort: »Ich hab da so 'n Versand am Start. Bei Interesse kann ich dir was besorgen!«

Das Interesse war groß, weshalb ich noch meine eigenen Sachen vertickte. Eine echte Goldgrube, die leider rasch versiegte. Die Schränke meiner Nachbarn hatten ein begrenztes Fassungsvermögen. Wiebke verstand nicht, wieso ich plötzlich in Jeans und T-Shirt bei ihr aufkreuzte. Und ihre Sternschnuppennummer war sowieso längst verglüht. Daher bemühte ich mich nicht mehr groß um ihre Gunst und verlor sie schnell aus den Augen. Auch einige meiner Nachbarn verlor ich aus den Augen, indem sie starben. Frau Barsch war die erste. In ihre Wohnung zogen drei Studenten, die entweder nicht wußten, wo man in Berlin als Student zu wohnen hatte, oder denen anderswo die Mieten schlichtweg zu teuer waren. Die Garderobe der drei hätte von Herrn Barsch stammen können, kam aber vermutlich vom Altkleiderdiscounter.

Die Jungs waren noch sehr jung, vielleicht sogar von Heimweh geplagt. Nachvollziehbar daher und für mich trotzdem erstaunlich: Die alternde Hausgemeinschaft nahm sich ihrer an. Vollkommen abgemeldet, mußte ich fortan ohne übriggebliebenes Mittagessen auskommen. Dafür war ich der einzige, der sich an der baßlastigen WG-Musik störte. Wird man mit dem Alter so gleichgültig? Selbst das von mir erzeugte Geknalle trieb keinen mehr in den Keller. An Wochenenden gingen die drei Studenten fast nie aus, sondern luden sich Freunde zu Spieleabenden ein. Unfaßbar! Mir wäre das in dem Alter peinlich gewesen, wie auch, jemanden in meine uncoole Gegend einzuladen.

Frau Senfkorn kam in ein Pflegeheim am Stadtrand. Ich war dort ein paar Mal. Stets hat sie mich nach den beiden netten jungen Männern gefragt, mit denen ich angeblich zusammenwohne. Zuerst hat mich diese Verwechslung tief verletzt, beim zweiten Besuch bin ich gleich wieder gegangen, und beim dritten und letzten habe ich die Krankenschwester nach ihrer Telefonnummer gefragt. Mit der diese tatsächlich ohne Umschweife rausgerückt ist. Frau Senfkorn hätte schon so viel von mir erzählt. Ich lud Tatjana in meine Wohnung ein und kaufte mir ein paar anständige Vintageklamotten. Es gab Königsberger Klopse, und Tatjana blieb über Nacht und noch länger.

In Frau Senfkorns alte Wohnung zog ein junges Pärchen, das den ganzen Tag zu Hause zu sein schien. Ich googelte beider Namen und stellte fest, daß sie Grafikerin war und er jährlich einen Gedichtband veröffentlichte. Ich kaufte einen, fand ihn unfreiwillig komisch und las Tatjana abends im Bett daraus vor, bis ich bemerkte, daß sie meine Belustigung nicht teilte. Sie meinte, wir sollten die beiden mal zu uns einladen. Faktisch wohnte Tatjana mittlerweile bei mir. Ich schob Gründe vor, dennoch lernte ich den Herrn Lyriker drei Wochen später kennen. Er kniete in meiner Badewanne – hinter Tatjana. Wütend klingelte ich bei seiner Freundin und berichtete, was sie kein bißchen zu überraschen schien. Die Wände seien ja nicht gerade dick. Ob ich vielleicht im Ausgleich dafür mit ihr ...

Nein, das wollte ich nicht. Verzweifelt verließ ich das Haus und stieß unten auf eine Gruppe spanischer Rucksacktouristen. Die fragte mich, in welchem Stockwerk das Ferienappartement sei.

»In keinem!« platzte ich heraus und wurde eines Besseren be-
lehrt. Herr Krause aus dem Vierten vermietete nämlich seine
original vintage möblierte Wohnung für ein Heidengeld an junge Menschen aus aller Welt und finanzierte sich so den Platz in
einer luxuriösen Seniorenresidenz.

Ich hatte verstanden. Berlin war zu cool für mich geworden, zu
sexy. Arm dran war allein ich. Sicher, ein Ausweg nach Span-
dau oder Marzahn wäre möglich gewesen. Aber ich entschied
mich für einen Neuanfang. Jüngst zog ich daher nach Hannover.
Ich glaubte, dort ein paar Jahre lang unbehelligt von jeglichem
Hype leben zu können. Nie wieder Vintage! Nie wieder Szene-
gegend! Naiv gedacht. Bereits am Hauptbahnhof sprach mich
ein jungscher Typ an. Woher denn meine coolen Klamotten
stammten. Überrascht sah ich an mir herab. Betrachtete meine
schmutzigen Schuhe, die ausgebeulten Jeans, den fleckigen Par-
ka. »Oh«, sagte ich, »hab ich alles schon ewig. Keine Ahnung.«
Der Knabe sah mich an wie einen Alien. Verarschen könne er
sich selber, fauchte er und spuckte mir verächtlich vor die Füße.

Selbstverteidigung in Zeiten allergrößter Gottlosigkeit

Ich habe einen Hubschrauber abgeschossen. Ging nicht anders. Ist zu laut gewesen. Gut, daß ich auf eine derartige Situation vorbereitet war. Jutta hat immer gesagt: »Was willste denn mit 'ner Panzerfaust? Viel zu sperrig das Ding! Damit zum Ersten Mai, und du wirst sofort verhaftet. Und zu Hause steht's im Weg und staubt ein.«

Warum sollte ich zum Ersten Mai? Meine Ruhe ist mir heilig. Solange niemand auf die Idee kommt, durch meine Straße zu ziehen, hat er nichts zu befürchten. Gut, jetzt der Hubschrauber. War vielleicht doch nicht so gescheit, den abzuknallen. Wirklich ruhig geworden ist es dadurch nämlich nicht. Zuerst, klar. Nachdem er gegenüber in die Häuserzeile gekracht ist, war's so still wie lange nicht. Aber leider eben nur die Ruhe vorm Sturm. Danach ging das Theater los. Tatütata. Gelalle, Gejaule und Gekreische. Dabei war das ja ein Rettungshubschrauber. Hätten sich ja eigentlich selber retten können.

Ich hab das so beigebracht bekommen: Hilf dir selbst, dann helfen dir die Götter. Wobei Götter nicht unbedingt in den nächstliegenden Gestalten auftreten und manchmal zudem lange auf sich warten lassen. So hat es jahrelanger Selbstbefriedigung bedurft, bis mir Jutta zur Seite sprang. Und na ja, unter einer Sexgöttin hatte ich mir früher was anderes vorgestellt. Beklagen will ich mich trotzdem nicht. Ist schon okay.

Für Jutta tue ich fast alles. Nur den Müll kann sie gefälligst selber runterbringen. Unser Haus hat schließlich einen Fahrstuhl. Da paßt ihr Rollstuhl zwar nicht rein. Doch die paar Meter schafft sie auch auf allen vieren. Die Tüte kann sie ja wohl mit dem Mund festhalten.

Bei Lärm sind wir uns einig. Bei Lärm helfe ich gerne. Stört mich ja genauso. Bullen anrufen bringt nichts. Die schicken nicht mal mehr wen. Für die sind wir lediglich die beiden Behinderten, die sie alle paar Stunden stören. Kann ich doch nichts für, daß sich die Welt so verändert hat, weshalb es an ihr quasi permanent was auszusetzen gibt. Beziehungsweise an den Menschen, die auf ihr leben. Viele sind weitaus behinderter als Jutta und ich zusammen. Ganz davon abgesehen, daß ich total gesund bin. Ich kann bloß gewisse Geräusche nicht mehr so ab. Die machen mich aggressiv.

Deshalb wurde ich ja damals auch aus dem Dienst bei der Bundeswehr entlassen. Das Gutachten war nicht gerade höflich: Posttraumatische Psychose nach meinem Auslandseinsatz. Dabei hatte das eine mit dem anderen gar nichts zu tun. Ich war genervt von den Frischlingen. Die haben den Ernst der Lage nicht erkannt und andauernd blöd gekichert. Weil mir ein Ohr fehlt. Hier wird aber nicht gekichert! Wir sind im Krieg und zwar immer und überall. Wie hätte ich das den Milchbärten im Grundwehrdienst anders beibringen können als mittels ein paar gezielter Salven aus meiner G11?

Die G11 von Heckler & Koch, das ist mein liebstes Sturmgewehr. Ohne die G11 gehe ich nirgendwo mehr hin. Nicht mal zu Lidl oder zu Mario an der Ecke. Benutzen tue ich das Ding fast nie. Höchstens, wenn mir ein Hund ohne Leine entgegenkommt.

Mit der Karriere beim Bund war's jedenfalls finito. Gut, daß ich rechtzeitig ein paar Sachen zur Seite geschafft hatte, so auch die Panzerfaust.

An sich hätte das ein wunderbarer Tag werden können. Die Wetterkarte vom Nachtjournal versprach einen Kälteeinbruch und langanhaltende Regenschauer. Jutta ist bei derartigen Prognosen stets hocherfreut. Da ist es nicht so schlimm, oben in der Wohnung zu hocken. Und ich bin froh, weil sie ausgeglichener ist, wenn ihr die Beinstumpen nicht so jucken. Tun sie das, macht sie mich unterschwellig für ihr Unglück verantwortlich. Sie muß sich wenigstens nicht sehen! Und hätte sie geguckt, wo sie hintritt, wäre ihr die Mine sicherlich aufgefallen. Die lag im Erdbeerbeet wegen der doofen Vögel und Katzen, die uns ständig die reifen Früchte weggefuttert haben.

Mit dem Schrebergärtchen war's dann vorbei. Der Krater an sich wirkte gar nicht mal so tief, hätte man vielleicht sogar nutzen können, 'nen kleinen Teich anlegen oder so. Aber die Schweine vom Kleingartenverein wollten nicht mehr mit uns. Pachtvertrag gekündigt. Und nennen sich wie zum Hohn »Kolonie Eintracht«! Pah!

Mit einer beinlosen Frau können sie so was ja machen. Mit einem ehemaligen Soldaten nicht. Gut, daß ich zwei Kanister Entlaubungsspray gebunkert hatte. War 'n Fehlgriff, bin eigentlich auf Sprengstoff aus gewesen. Egal wie der Schnee vom Hindukusch.

Heute früh liegen wir so im Bett und plötzlich hämmert's und dröhnt's. Dachte zuerst: Scheiße, der Taliban! Wollte gerade losstürmen, da fiel mir wieder ein: Ich lieg ja mit der Jutta im Bett, das sind nur 'n paar ignorante Bauarbeiter. Wollte also weiterschlafen. Und meine Frau? Quengelt und jammert, als gäbe es kein Morgen. Sie hielte es nicht länger aus. Ihr Kopf, ihr Kopf.

Ich also hoch. In der Wohnung über uns waren die tatsächlich zugange, eine Wand aufzustemmen. »Hallo Sie da, würden Sie das bitte lassen! Wir schlafen noch!«

»Hartz Vier oder watt?« kam's zur Antwort. Zum Glück hatte ich vorher automatisch nach meiner G11 gegriffen. Die Bauarbeiter ließen sich ähnlich niedermähen wie damals die fünf Soldaten. So war wenigstens Ruhe im Karton. Jutta zeigte sich sehr dankbar. Wollte mir gleich einen blasen. Hat sie ewig nicht mehr gemacht. Und dann kommt mit einem Mal dieser Hubschrauberlärm über uns. Ist doch verständlich, wenn einem da mal der Kragen platzt. Oder nicht?

Es liegt was in der Luft

Matze war in letzter Zeit meistens müde, wenn wir uns abends trafen, um uns, unterstützt von ein paar gepflegten Kaltgetränken, auszutauschen. Bei ihm um die Ecke hatte ein netter kleiner Laden aufgemacht, gemütlich, nicht so überlaufen, und die Bedienung entpuppte sich als echte Augenweide. Aber wir waren ja zum Trinken da. Und zum Quatschen.

Ein notorisch Suchender wie Matze sammelte beim Billigtrödler Zeug zusammen, um es bei Ebay teuer verscheuern zu können. Er suchte einen Job, der mehr war als ein Job, um zu überleben. Er suchte eine Frau, die mehr für ihn wäre als eine heiße Affäre. Und seinen Personalausweis suchte er ebenfalls. Doch das war ein anderes Thema. Irgendwann würde er das Ding schon wiederfinden. Was er in letzter Zeit nur selten fand, war Schlaf. Die Nachbarn über ihm waren offenbar frisch verliebt. Zumindest der Lautstärke ihres Paarungsverhaltens nach.

»Die ficken die ganze Nacht lang«, erzählte Matze genervt. »Alles, was es auf YouPorn so gibt, ist ein Scheißdreck dagegen. Beim ersten Mal fand ich das ja noch aufregend. Bin mitten in der Nacht wach geworden. Und als ich nach ein paar Momenten kapiert hatte, wovon, war das irgendwie geil. Ich hab mir sogar einen runtergeholt, um besser weiterpennen zu können.« Matze grinste. »Ihr Gekeuche war durchaus erregend. Leider bin ich viel schneller fertig gewesen als die. Weiterschlafen unmöglich. Und inzwischen nervt's mich bloß noch. Weiß gar nicht, wie die beiden aussehen, aber ich könnte lässig unter zehn, ach was, unter zwanzig Paaren könnte ich die raushören! Vor allem er seufzt im Abgang so markant auf.«

»Bewirb dich doch bei *Wetten, dass..?!*« war das einzige, was mir zu sagen einfiel. Matze hatte dafür lediglich ein müdes Lächeln übrig. »Das ist echt scheiße! Ich gönn denen ja ihren Spaß. Wenn das für mich nur nicht so belastend wäre!« Er nahm einen Schluck. »Neulich zum Beispiel. Da kam eine hübsche Studentin zu mir.«

»Ach, wie heißt sie denn?«

»Egal. Du wirst sie nie kennenlernen. Sie hatte bei Ebay diese eine Lampe ersteigert, die schon ewig bei mir rumstand.«

»Was denn? Etwa die häßliche mit den Fransen?«

»Genau! Die gefiel ihr total. Sie fand sie in echt wohl noch schöner als auf den Fotos. Und ich hab Kaffee gekocht. Wir haben uns voll gut unterhalten. Ich war kurz davor, ihr die Lampe zu schenken. Die Zeit verging echt im Flug. Ich hab 'ne Flasche Wein aufgemacht. Und plötzlich geht oben das Gestöhne los! Mit so 'nem krassen Pornosound im Background kannst du dir jeden zarten Annäherungsversuch von vornherein sparen. Draußen war's nicht mal dunkel.«

»Dunkelheit ist nun mal keine Voraussetzung für Sex«, sagte ich. »Außerdem, sei froh. Eine Frau, die auf so eine Lampe steht, hat keinen Geschmack und hätte dich nur unglücklich gemacht.«

»Danke, sehr einfühlsam!« Matze signalisierte der Bedienung, daß sie uns neues Bier bringen sollte. Dabei waren unsere Gläser noch halbvoll.

»Wahrscheinlich wissen die gar nicht, wie dünn die Wände sind«, sagte ich. »Und ich hab mal gelesen, man kann im sexuellen Rausch überhaupt nicht einschätzen, wie laut man ist, da man seine Umgebung kaum mehr wahrnimmt.«

»Heißt das, es würde nicht mal nützen, mit dem Besenstiel gegen die Decke zu hämmern?« Matze setzte sein Glas an und stürzte den Rest in einem Rutsch herunter.

»Nee, da müßtest du schon klingeln und mit ihnen reden.«

»Wie peinlich ist das denn?«

»Du kannst natürlich Zettel aufhängen: ›Bitte nachts schlafen und nicht schreien.‹«

»Zettel!« Matze griff nach meinem Glas und leerte auch das. »Spießiger geht's wohl nicht.«

Bevor ich mich über den Bierraub beschweren konnte, kam die Kellnerin mit neuen Getränken. Matze fing sofort an, mit ihr zu flirten.

»Laß es lieber sein«, sagte ich, kaum hatte sie den Tisch verlassen. »Bei deinen Verhältnissen zu Hause machst du dich nur unglücklich.«

Wir stießen an.

»Hast recht«, sagte er. »Sie wohnt sicher sonstwo. Und wir müßten auf jeden Fall zu mir.«

»Ja, ist besser so«, sagte ich und zwinkerte über Matzes Schulter hinweg der Bedienung zu. Mit einem Mal kam mir die Idee: »Du hast doch WLAN, oder?«

»Klar!«

»Und meinste, das Pärchen über dir hat auch welches?«

»Kann sein. Ich empfange bestimmt vierzig verschiedene Netze.«

»Sehr gut! Gib deinem Netz einen sprechenden Namen, vielleicht kriegen die das dann mit!«

»Was denn für 'nen sprechenden Namen?«

»Na, zum Beispiel: *Ich_kann_euch_ficken_hören.* Oder: *Die_Wände_hier_sind_verdammt_dünn.*«

Matze lachte zum ersten Mal an dem Abend. »Klasse Idee!« Hastig trank er von seinem Bier. »Das muß ich sofort ausprobieren! Hoffe, du verstehst.« Weg war er.

So hatte ich wenigstens Zeit, die Bedienung näher kennenzulernen. Ihr Name war Magda, und sie wohnte nur eine Straße weiter. Ihren Nachbarn ging es in dieser Nacht vermutlich ähnlich wie Matze. Sogar das Fenster ließ sie offen.

Matze traf ich eine Woche später wieder. Glücklich wirkte er nicht. Er werde sich wohl eine neue Wohnung suchen.

»Ach je. Hat's nicht geklappt?!«

»Nicht so richtig. Jetzt hört man noch 'n neues Paar. Nicht aus'm Haus, irgendwie in der Nachbarschaft. Kaum wird's wieder 'n bißchen wärmer.«

»Tut mir leid«, sagte ich. »Das mit dem WLAN war halt so 'ne Idee. Das viele Bier. Wer liest schon die Netznamen, wenn er einmal eingeloggt ist.«

»Na, das haben die Leute anscheinend mitbekommen, plötzlich haben fast alle so komische Namen.«

»Sag an!«

Und Matze sagte an. Er hörte gar nicht mehr auf: Seine WLAN-fähige Nachbarschaft schien sich inzwischen quasi ausschließlich über die Namen ihrer Netze zu verständigen: *Wir_ficken_weil_wir_geil_sind*, *Ficken_ist_immer_noch_besser_als_Hiphop*, *Wir_sind_garantiert_lauter_als_ihr*, *Mehr_Abwechslung_bitte!*, *Schrankwand_abzugeben*, *Das_klingt_mir_arg_nach_Video_Ihr_Schwindler_schon_wegen_der_Musik!*, *Wer_nimmt_meiner_neuen_Freundin_die_häßliche_Lampe_mit_den_Fransen_weg!*, *Lisa_25_hätte_auch_mal_wieder_Lust_meldet_euch_Jungs!*

»Und«, unterbrach ich ihn, »gab's Interessenten?«

»Ja, schon«, Matze verzog das Gesicht, »für unser Haus ist die aber echt zu leise. Deswegen will ich ja umziehen. Voll peinlich, wenn's über dir lauter stöhnt als in deinem Bett, und am nächsten Tag stehen hämische Kommentare in den WLAN-Netznamen.«

Er hob die Hand, um neue Getränke zu bestellen. Magda winkte uns zu.

»Warum grinst die Bedienung dich eigentlich am laufenden Band so an?« fragte Matze.

»Ach, weißt du ...«

Wenn die Berliner schlafen

Eines Nachts wachte ich von Geräuschen auf. Als ich diesen nachging, bekam ich einen Riesenschreck. In meinem Wohnzimmer saß jemand und trank Bier. Aber da saß nicht irgend jemand. Auf dem Sofa saß Klaus Wowereit! Jedenfalls sah er aus wie der Klaus Wowereit aus dem Fernsehen. »Ähm«, fing ich an, »was machen Sie denn hier?«

»Na, dis sehnse ja!« Er grinste. »Ich sitze hier ganz ruhig und trinke Bier.«

»Eins meiner Biere! In meiner Wohnung! Nachts um halb vier!«

»Ich stör Sie doch gar nicht. Eigentlich müßten Sie schlafen! Kein Wunder, daß es mit dieser Stadt nicht bergauf geht. Müssen Sie etwa nicht früh raus?«

»Wie soll ich schlafen, wenn hier 'n Wildfremder sitzt?«

»Würden Sie schlafen, wüßten Sie ja nichts davon. Außerdem: Ich bin doch kein Wildfremder! Also echt mal, ich bin es! Huhu! Der Wowi, der Gute-Laune-Bär von Berlin!«

»Das macht die Sache nicht besser und gibt Ihnen noch lange kein Recht, in meine Wohnung einzubrechen.«

»Ich bin doch gar nicht eingebrochen. Ich hab schließlich einen Schlüssel.«

»Das wüßt ich aber!«

»Wieso das? Voilà!« Klimpernd griff er in seine Jackettasche und zog ein Schlüsselbund hervor.

»Was ist das?«

»Der Zentralschlüssel von Berlin.«

»Wie bitte? Ein Schlüssel für alle Schlösser oder was?«

»Ja, so ungefähr, nur für ein paar alte Exemplare gibt es Sonderschlüssel, so wie hier dieser Durchsteckschlüssel.«

»Wieso haben Sie sowas?«

»Na, hallo? Ich bin der Regierende von Berlin! Und nu setzense sich endlich! Oder nee, wo wir schon mal am Plauschen sind, nehmse sich mal 'n Bier und«, er betrachtete den Grund seiner Flasche, »für mich bitte auch noch eins!« Ich ließ mich auf einen Hocker fallen. »Wieso hat der Bürgermeister einen Zentralschlüssel?«

»Er muß doch nachgucken können, ob es seinen lieben Berlinerinnen und Berlinern gut geht und ob sie einen gesunden und erholsamen Schlaf haben. Ob sie schön wohnen. Ob was im Argen ist.«

»Da kümmern Sie sich dann drum, oder wie?«

»Ja, manchmal schick ich wen vorbei. Oder bei Kleinigkeiten wie Ihrem tropfenden Wasserhahn ... Dis krieg ich auch noch selber hin.«

»Echt?« Neugierig sprang ich auf und guckte in der Küche nach.

»Das Bier bitte nicht vergessen!« rief er mir nach. Ich brachte es ihm. Selber brauchte ich ebenfalls eins. Er prostete mir zu. »Um ehrlich zu sein«, sagte ich, »der Wasserhahn in der Küche tropft immer noch.«

»Kleiner Scherz! Bin ich Klempner oder was?«

»Aber morgen kommt einer vorbei?»

»Nee, Quatsch!« lachte er. »So Sachen müßt ihr schon selber regeln. Ihr Berlinerinnen und Berliner habt schließlich Zeit. Ich dagegen? Ist ganz schön anstrengend, Berlin Tag und Nacht.«

»Und Sie ziehen echt Nacht für Nacht durch die Häuser?«

»Ja, genau! Durch die Häuser! Nicht um die Häuser, wie die bürgerliche Hetzpresse gerne behauptet. Meistens beschränk ich mich auf ein, zwei Wohnungen pro Nacht. Ist man 'ne ganze Weile mit beschäftigt.«

»Und wann schlafen Sie?«

»Zwischendurch mal, am Tag. Gar nicht so easy, das mit den anderen Amtsgeschäften zu vereinbaren.«

»Ja, was ist denn zum Beispiel mit dem Flughafen?«

»Ach, hörnse uff, ich kann das Wort ›Flughafen‹ nicht mehr hören. Die meisten Berliner sind diesbezüglich ziemlich undankbar, die fliegen nicht mal.«

»Höchstens aus dem Job, oder?«

»Oder vom Kneipenhocker! So teuer ist Urlaub doch gar nicht. Wäre auch mehr Platz für die Berlinbesucher, wenn ihr mal 'n bißchen rauskämt.« Er setzte sein Bier an, trank es zügig leer und knallte die leere Flasche auf den Couchtisch. »So, ich werd mal wieder.« Er stand auf und zückte ein Notizbuch. »Ansonsten ist alles okay, oder?«

»Ja, klar.«

»Und Ihr Nachbar?« Er sah von seinen Notizen auf. »Baut der immer noch Cannabis an?«

»Mein Nachbar macht was?«

»Cannabis! Eine der beeindruckendsten Zimmerplantagen Berlins! Wollnse mal sehn? Müssense aber leise sein. Nicht, daß der auch noch aufwacht!«

Die Wohnung im Dritten, die wir kurz darauf betraten, war deutlich größer als meine. Mir schlugen feuchte Wärme und der typische Geruch entgegen. Grelle Lampen beleuchteten unzählbar viele Pflanzen. »Unglaublich!« entfuhr es mir.

»Psst!« Klaus Wowereit legte den Zeigefinger auf seine Lippen. »Beste Qualität!« Er zupfte einen Trieb ab. »Wenn ich hier bin, nehm ich mir immer was mit. Die Kollegen freun sich auch.«

»Das ist doch verboten!«

»Was jetzt: Das Mitnehmen oder das Rauchen?«

»Alles!«

»Sie sind ja noch spießiger als die Einrichtung Ihrer Wohnung!« Er lachte. »Ich darf das, ich bin ja der Wowi-Bär!« Mit einem Mal verzerrte sich sein Gesicht. »Na, huch!« Aus dem Schatten sprang eine dunkle Gestalt und packte Wowi an den Schultern. »Ha! Hab ich dich endlich!«

»Verdammt, der Henkelman!« ächzte Wowereit. Tatsächlich! Niemand anderes als der Innensenator in schwarzer Lederkluft rang nun mit seinem Chef. Dabei fielen sie mehrmals fast in die Hanfpflanzen. »Wie oft soll ich's dir noch sagen, Wowi? Nachts wache allein ich über die Sicherheit und den Schlaf der Berliner!« meckerte Henkel. »Weih du mal schön weiter deine Modemessen ein! Und den Flughafen!« Er lachte boshaft.

»Der Flughafen ist auch deine Baustelle, Henkelman!« Mit lautem Stöhnen stieß Wowereit seinen Widersacher in die Pflanzen, zwischen denen dieser krachend zu Boden ging.

Wowereit klopfte sich den Anzug ab, sah mich an, zwei Finger am zerzausten Scheitel. »Ich muß dann mal! Tschau!« Er ging zum Fenster, öffnete es und sprang in die Nacht. Kraß! dachte ich. Senator Henkel hatte sich mittlerweile aufgerappelt, nahm Anlauf und verließ die Wohnung ebenfalls durch das Fenster.

»Was 'n hier los?«

Verschlafen und in Unterwäsche stand mein Nachbar vor mir. »Bist du nicht der Typ aus'm Ersten? Was machst du in meiner Wohnung?«

»Klaus Wowereit hat sie mir gerade gezeigt.«

»Wowereit? Was ist das denn für 'n Scheiß? Wieso sollte er das tun?«

»Er hat den Zentralschlüssel von Berlin.«

»So so, hat er das?« Mein Nachbar sah sich um. »Wie sieht's hier überhaupt aus?«

Vor zwei umgekippten Töpfen ging er in die Knie.

»Plötzlich ist Frank Henkel von da hinten ... Und dann hamse gekämpft, bis Wowi schließlich raus ist aus 'm Fenster und Henkel ...«

Mit einem abgeknickten Zweig in der Hand richtete sich mein Nachbar wieder auf. »Zum Glück ist nichts Arges passiert.«

»Die kämpfen garantiert woanders weiter!«

Mein Nachbar legte seinen Arm um meine Schultern. »Alter, und ich dachte, ich kiffe zu viel. Was nimmst du denn so?«

»Nichts. Und gerade bin ich total nüchtern. Also, vorhin ein halbes Bier.«

»Das ist dein Problem, Kumpel. Hier!« Er zog einen riesigen Joint hervor. »Du brauchst das jetzt! Und dann legen wir uns wieder hin und schlafen 'ne Runde. Weißte, das Problem an Berlin ist, daß die Leute alle nicht genug schlafen. Die Stadt kommt mir immer so unausgeschlafen vor.«

Seitdem schlafe ich fester denn je. Und weckt mich doch mal ein Geräusch, drehe ich mich beruhigt um. Ich weiß ja, wer des Nachts über mich wacht.

III. NICHTS, WAS SCHWERER IST ALS LUFT

Die Bewußtmachung des Seins

Manchmal fressen wir literweise Bohnensuppe und gehen in Markenmodeshops, wo wir alle Hosen anziehen, die uns einigermaßen passen, sie bei den Damen, ich bei den Herren, und die furzen wir voll. Anschließend hängen wir die Hosen wieder an die Ständer und kehren vergnügt heim. Wie befriedigend, sich auszumalen, daß in nicht allzu ferner Zukunft Markenklamottenkäufer in Hosen herumlaufen werden, die wir vollgepupst haben.

Wir wissen, daß das kindisch ist, aber wir sind gerne kindisch. Wir sind Kinder unserer Zeit. Und doch sind wir alt geworden. Ich für meinen Teil bin froh, nicht mehr jung sein zu müssen. Das entspannt ziemlich.

Manchmal gehen wir in einen der großen Supermärkte am Stadtrand und entführen einen zwischen den Gängen stehenden, vollgeladenen Einkaufswagen, schieben ihn ohne Umwege zur Kasse und bezahlen den von irgendwem ausgesuchten Kram, zehn Dosen Ravioli, Bier in Plastikflaschen, Popkorn für die Mikrowelle, Schnitzel für den Toaster, Toastbrot für die Hüften. Wie sonst soll man seine Mitmenschen kennenlernen, wenn man sich nicht ab und an in sie hineinversetzt, in ihre Lage, in ihre Konsumvorlieben? Dies ginge wohl kaum besser als durch den Genuß ihrer Einkäufe. Schade nur, daß das meiste Müll ist. Manchmal kaufen wir daher auch für andere ein. Wir suchen in Supermarktregalen nach benachteiligten Waren, nach Dingen, die höchst selten gekauft werden, eingemachte Eingeweide, Schnecken in der Dose, Fleischklumpen in Aspik oder Salben mit kranken Namen, und schmuggeln sie in anderer Kunden Wagen, die schon so voll sind, daß dieser Bonuseinkauf erst zu Hause beim Auspacken bemerkt wird. Vielleicht eröffnet dieser ja ganz neue Welten.

Manchmal geht einer von uns – meistens sie, bei ihr wirkt glaubwürdiger, was jetzt kommt – auf jemanden zu und sagt, er habe drei Wünsche frei. Das ist ein Test. Glaubwürdigkeit hin oder her: Die Leute glauben nicht an Wunder und gehen mit Gemurmel auf den Lippen weiter. Selber schuld. Sie ist wirklich eine Fee, da bin ich mir sicher, und die, die ihr eigenes Glück nicht akzeptieren wollen, kriegen genau das, was sie immer erwartet haben: ewige Unerfülltheit aller Hoffnungen.

Manchmal sammeln wir einen ganzen Tag lang Steine, packen diese in eine Kiste, bringen sie zur Post und adressieren sie an uns selber, nur um einmal zu erleben, wie es ist, wenn jemandem der Atem stockt, weil er etwas für einen getan hat. Sobald der Paketbote wieder zu Puste gekommen ist, fragen wir ihn, ob auch er ein Backsteinabo hat oder ob wir ihn eventuell werben könnten. Die Prämientüte Kieselsteine würden wird natürlich mit ihm teilen. Die meisten brauchen eine Weile, um das mit den Backsteinen zu verstehen. Das macht sie in der Regel sprachlos, und sprachlose Menschen sind einfach schön und wirken fast vornehm in dieser geschwätzigen Zeit.

Manchmal sagen wir deswegen auch gar nichts – immer dann, wenn man unbedingt etwas sagen müßte. Anfangs haben wir noch bei Radioumfragen angerufen oder beim Kundenservice großer Firmen, doch dort fliegt man schnell aus der Leitung.

Selbst gute Freunde halten anhaltende Stille für eine Störung der Verbindung. Die Menschen müssen einen sehen, um das Schweigen zu verstehen. Am Bahnschalter funktioniert das gut und auch an der Theaterkasse, im Imbiß besser als in der gehobenen Gastronomie, in der Kirche bei der Beichte und sogar auf dem Bürgeramt. Nur die meisten Ärzte werden nervös und überweisen einen an die falschen Spezialisten, die einem gefährliche Medikamente verordnen.

Zu solchen Ärzten geht man lieber mit vielen Worten auf der Zunge. Sie kann das besser als ich. Ich verplappere mich meistens. Sie dagegen war mehrere Monate lang in Behandlung bei einer Kapazität seines Faches, einem Professor einer Klinik im Norden der Stadt, der normalerweise ausschließlich Privatpatienten behandelt. Bei ihr hat er eine Ausnahme gemacht. Wegen der interessanten Symptome. Wirklich heilen konnte er sie leider nicht von ihrer Plastiktütenphobie. Um ihn nicht ganz zu enttäuschen, hat sie in ihrer Phantasie etwas nachgegeben und ihm einen Teilerfolg zugestanden. In seiner Abschlußdiagnose steht etwas über den Grad der Plastikstärke und die Intensität des Werbeaufdruckes auf der Tüte. Sie könne jetzt wieder die unbedruckten Plastesäcke annehmen, die es auf Märkten und in Dönerläden gibt, steht in dem Brief, den der Professor ihr für den Hausarzt mitgegeben hat. Dabei bin ich gar nicht approbiert. Meine Überweisung war bloß eine plumpe Fälschung aus dem Copyshop.

In den Copyshop gehen wir manchmal auch. Wir kopieren einen Stapel leerer Seiten und fragen den studentischen Angestellten, ob der Toner alle sei. Das ist meistens ein sehr kurzer Spaß, der zu allem Überfluß mit akuter Unfreundlichkeit endet. Nur einmal hat sich ein hübscher Junge mit dicker Brille die Mühe gemacht, das halbe Gerät auseinanderzunehmen, und uns noch einen schönen Abend gewünscht, als er nach einer Stunde aufgegeben hatte, uns mit frischen Kopien unserer weißen Blätter beglücken zu können.

Manchmal gehen wir in Selbsthilfegruppen, um die Anwesenden durch extreme Behauptungen über ihre Probleme neu nachdenken zu lassen. Als wir einem Kreis kostverächtender Frutarier erklärten, daß wir nichts äßen, was schwerer ist als Luft, trafen wir hinterher drei von ihnen bei McDonald's wieder. Manchmal kochen wir richtig fein, so mit Vorsuppe und Braten und zum Abschluß gibt's Soufflé. Ist der Braten im Ofen, bestellen wir eine Pizza, um dem Boten einen Platz an unserer Tafel anzubieten. Er soll daran erinnert werden, daß man sich auch gut ernähren kann. Angenommen hat unsere Einladung bislang keiner. Einer wollte nicht mal mehr das Geld für die Pizza. »Wer hat dem denn auf die Salami gespuckt?« entfuhr es mir, sie aber sagte nur: »Eher schon ins Gesicht. Meinst du nicht?«

Manchen Leuten muß man ins Gesicht spucken, damit sie merken, daß sie noch am Leben sind. Natürlich geht das nicht so ohne weiteres. Nur wenigen Menschen würde das gefallen. Es ist sowieso nicht so leicht, jemandem richtig in die Fresse zu rotzen. Das meiste geht ja doch daneben. Unsere Kunst besteht darin, anderen ins Gesicht zu spucken, ohne daß sie es merken – jedenfalls nicht sofort.

Oder wohnst du schon?

Jahrelang war Ikea für mich ein Ort, wo ich hinfuhr, weil ich einen Schrank suchte, ein Regal, eine Lampe oder ein Sofa, dort aber nie das fand, was ich suchte, und stets bloß mit einem Beutel Teelichter heimkam, obwohl ich eigentlich nie Teelichter brauche. Als ich mal Durst hatte, war ich auf den Cranberrylimotrichter gekommen. Cranberrylimonade fand ich toll. Ich konnte gar nicht genug davon kriegen. Praktischerweise darf man sich so oft vom Cranberryzeug zapfen, wie man will. Man muß nur einmal ein Glas für einen Euro erstanden haben.

Seitdem bin ich fast jeden Tag bei Ikea gewesen. War einfach zu lecker dieser Saft. Und damit niemandem auffiel, daß ich ausschließlich wegen der Cranberrylimonade zu Ikea kam, nahm ich mir täglich vor, ein bestimmtes Möbelstück anzuschauen, das ich mir zuvor im Katalog ausgeguckt hatte. An jenem Tag, der mein Leben verändern sollte, war es ein Bett namens »Malm«. Gefunden habe ich es nicht mal auf Anhieb. Es befand sich in einer Kleinwohnungssimulation hinter zwei dünnen Wänden und sah eher unspektakulär aus. Am Kopfende ragte eine Hartfaserplatte in die Luft, als sollte sie etwaige Träume davon abhalten, in die Tapete zu sickern.

Ich klopfte gerade gegen das Eichenfurnier, als mich eine blonde Frau mit gelbem T-Shirt und aufgesetztem, man könnte sagen furniertem Lächeln ansprach: »Kann ich dir behilflich sein?« Das ist das Gute bei Ikea. Der Kunde ist mit den Angestellten gleich per Du, was eine nähere Kontaktaufnahme erleichtert. Und die blonde Frau gefiel mir viel besser als das Bett »Malm«. Vielleicht war ihr Lächeln doch nicht furniert, irgendwie wirkte es massiv.

»Ein sehr bequemes Bett«, sagte sie, »du kannst dich ruhig drauflegen.«

»Echt?« So etwas ließ ich mir nicht zweimal sagen. Wann zuletzt hatte mir eine Frau, zumal jung und einigermaßen hübsch, so etwas angeboten? Selbst die Schuhe mußte ich nicht ausziehen. Ich kam mir vor wie zu Hause. Die blonde Frau lächelte mich unverändert an, jetzt jedoch von oben herab. »Wenn was ist, sagst du Bescheid?«

Ich nickte und schloß die Augen. Und die Sommersprossen der Frau glitzerten nach wie viele viele Sterne.

»Hallo, aufwachen!« Weniger sanft wurde ich aus dem Schlaf gerissen. Ich meine, ein Bett kann man ja wohl kaum testen, hat man nicht auch in ihm geschlafen. Aber wer schläft, wird mal wach, es sei denn, er ist zwischenzeitlich gestorben. Was ich nicht war, glücklicherweise. Särge hat Ikea ja keine im Angebot. Manche Kommoden sehen allenfalls so aus. Ich sage nur: »Ivar.« Damals sagte ich bloß »Oh«, als ich in die Gesichter mehrerer blonder Menschen mit gelben T-Shirts schaute.

»Du, wir haben Feierabend!«

»Tut mir leid ... ich bin ... ich habe«, stotterte ich, ohne zu wissen, wohin mich meine Satzanfänge führen würden.

»Der ist okay! Den kenne ich.«

Die blonde Frau, die mir den Schlafplatz angeboten hatte, erschien am Bett und versprach, sich um mich zu kümmern. Das freute mich.

»Ich muß jetzt gehen, ja?« fragte ich zaghaft.

»Ja«, sagte sie. »Oder ...«, sie lächelte, »magst du noch was trinken?«

Selbstverständlich mochte ich noch was trinken. »Ich hab auch ein eigenes Glas!«

»Gläser haben wir genug!« sagte sie. »Fast so viele, wie wir Teelichter haben. Komm mit!«

Und ich folgte ihr. Sie ging gar nicht Richtung Cafeteria, sie ging in die Küchenabteilung. In einer auffallend prächtigen Küchennische mit Kochinsel in der Mitte und blank polierten Schränken öffnete sie die Tür des Kühlschranks, der zu meinem Erstaunen prall gefüllt war und das nicht mit Lebensmittelattrappen aus Plastik.

»Was darf ich dir anbieten?« sagte sie mit Blick ins Innere.

»Cranberrylimo wäre super!«

»Oh«, sie drehte den Kopf zu mir, »so was haben wir nicht, leider. Hier gibt's nur echte Sachen. Wie wär's mir Bier?«

Wenig später stießen wir an. Das Bier war zwar nicht so richtig echt, sondern schwedisch, aber immerhin. Die blonde Frau stellte sich als Annika vor. Ich stellte mich als mich selber vor. Das hielt ich für angemessen. Und dann stellte sie mir die Küche vor. Und war beeindruckt, weil ich Bescheid wußte. »›Faktum‹«, sagte ich, »mit der neuen Hochglanzfront ›Abstrakt‹.«

Wir tranken an unserem zweiten Bier, als drei blonde T-Shirtträger zu uns kamen. »Der ist ja noch gar nicht weg«, sagte einer.

»Wo er schon mal hier ist!« sagte Annika. »Wir haben nie Besuch!«

»Na gut.« Der Größte von ihnen musterte mich. »Du darfst zum Essen bleiben, mußt aber versprechen, da draußen niemandem zu erzählen, was du hier siehst.«

»Sollte ich nicht doch besser gehen?« Ich suchte Annikas Blick.

»Kommt nicht in Frage«, sagte sie und stellte mir die drei anderen vor. Der Große hieß Bosse, die anderen beiden Lisa und

Lasse. Sie sagten, sie seien heute fürs Kochen zuständig und würden uns rufen.

»Komm!« Annika griff nach meiner Hand. »Wir spielen ein bißchen!« Sie führte mich zum Småland und begann, mich mit Bällen zu bewerfen. Ich warf zurück. Im Bällebad tauchten wir aufeinander zu. Annikas Gesicht hatte regelrecht Farbe bekommen. Sie schien mich gerade küssen zu wollen, als eine laute Lautsprecherdurchsage erklang: »Die kleine Annika und ihr neuer Freund werden gebeten, in die Eßecke ›Melltorp‹ zu kommen.«

»›Melltorp‹ ist toll«, rief Annika, während wir zurück in die Möbelausstellung rannten, »so wunderbar variabel.«

»Ja«, ergänzte ich, »mehrere kleinere Tische kann man viel flexibler einsetzen.« Das wußte ich aus dem Katalog.

Drei »Melltorps« waren zu einer langen Tafel zusammengestellt. Fünf weitere Gelbshirtmenschen hatten bereits Platz genommen. Wir setzten uns dazu, und ich wurde mit ihnen bekannt gemacht. Mit Britta, mit Inga, mit Anna, mit Ole, mit Kerstin.

»Heute sind gar nicht alle da«, sagte Annika. Karlsson zum Beispiel käme nur ganz selten, der wohne im Hochregallager knapp unterm Dach.

»Einer von euch wohnt hier?« fragte ich, während mir Lasse die Salatschüssel »Blanda Blank« reichte.

»Klar!« Die anderen sahen mich an. »Wir wohnen alle hier.«

»Magst du Köttbullar?« Lisa reichte mir eine gut gefüllte viereckige Schale.

»Das sind sogar die echten«, sagte Inga.

»›Chamör‹«, sagte ich und meinte damit die Schale.

Die anderen nickten anerkennend. »Da kennt sich ja einer aus.«

»Praktisch, oder?« Annika strahlte. »Spart die Einweisung.«

Die anderen nickten sich grinsend zu, und ich machte mir lieber keine Gedanken.

Nach dem Essen verteilte sich die Runde rasch auf die verschie-

denen Wohnnischen. Bosse und Lisa fläzten sich in die Sofa-
kombination »Kramfors«, Inga und Britta machten es sich auf
»Ektorp« bequem, Lasse ging zur Schreibtischkombination
»Expedit«, er wollte noch was im Netz recherchieren. »Schwe-
denpornos«, flüsterte mir Annika kichernd ins Ohr. Und auch
die anderen waren beschäftigt.

»Manchmal gucken wir gemeinsam Filme«, sagte Annika, »diesen Monat läuft im Kinderparadies leider *Pipi im Takatukaland*.
Den haben wir schon zu oft gesehen.«

»Ich werd dann mal«, fing ich an, mich aufzurichten.

»Echt?« Annika zog eine Schnute. »Von mir aus kannst du gerne bleiben. ›Malm‹ hat dir doch ganz gut gefallen. In dem schlaf
ich oft.« Sie lächelte. »Du kannst mir dabei gerne Gesellschaft
leisten.«

Gesagt, getan. Wir lagen dichtgekuschelt in »Andrea Satin«-
Bettwäsche, und Annika griff zwischen meine Beine.

»Ich kann nicht«, flüsterte ich, »so ganz ohne Türen. Die anderen kriegen ja alles mit.«

»Ist doch nicht schlimm«, antwortete eine Stimme von nebenan.

Lisa? dachte ich. Oder Anna?

»Denkst du, das hält uns davon ab, Spaß zu haben?« rief Bosse.
»Oder wie siehst du das, Inga?«

Als Antwort war ein tiefes Seufzen zu vernehmen.

»Man gewöhnt sich daran«, sagte Annika. »Wir gehören alle zur
großen Ikea-Family. Und du ja jetzt auch.«

»Das geht so einfach?« fragte ich.

»Sicher«, sagte Annika, »denkst du, irgendwer käme von selbst
drauf, hier zu arbeiten?« Die meisten von ihnen seien zu dem
Job gekommen, weil sie nicht rechtzeitig vor Ladenschluß nach
Hause gegangen wären. Und außerdem hätte ich mich ver-
pflichtet, niemandem draußen vom Nachtleben im Möbelhaus
zu erzählen.

Und so blieb ich.

Cranberrylimonade habe ich seitdem nie wieder getrunken. Nur das Glas besitze ich noch. Es erinnert mich an die Zeit, als ich hier lediglich Kunde gewesen bin.

Denn ich bin nackt gewesen

Es ist dunkel, und ich stehe auf der Straße. Mich friert. Ich sehe ein Licht. Natürlich gibt es noch andere Lichter. Straßenleuchten. Hinter Fenstern und Gardinen. Vorbeifahrende Autos. Doch das Licht, das ich meine, schwankt langsam auf mich zu. Und es ist bunt. Halbwegs bunt jedenfalls. Bunt wie ein Mondgesicht. Mir kommt nämlich eine Laterne entgegen.

Laterne, Laterne, Mondgesicht und Sterne. Das Mondgesicht ist authentisch fahl. Als die Laterne fast bei mir ist, sehe ich auch den Menschen, der sie trägt. Ein junger Mann mit freundlichem Gesicht. Er guckt mich an. »Hallo?!« Er guckt mich genauer an: »Du bist ja nackt!«

»Ich bin ja nackt«, sage ich fröhlich.

»Warum bist du nackt?«

»Tja«, sage ich, »ich hab da zwar mehr als bloß 'ne Ahnung, aber ich will es spannend machen.«

»Aha. Ist dir nicht kalt?«

»Mir ist schweinekalt!«

»Ich könnte dir meine Laterne geben.«

»Wieso? Kann die denn wärmen? Ist sicher nur 'n Teelicht drin.«

»Nicht mal das. Ist eine Stromsparlampe.«

»Nee, das bringt mir nichts. Trotzdem danke.« Ich wende mich zum Gehen.

»Halt, warte! Ich geb dir meinen Mantel.«

»Deinen Mantel?« Ich gucke ihm dabei zu, wie er erst die Laterne auf dem Boden abstellt, seine Tasche daneben legt und sich dann den Mantel auszieht. »Hier!«

»Das kann ich nicht annehmen! Sonst wird ja dir kalt.«

»Das geht schon.«

»Nee, geht nicht!«

Er guckt mich böse an: »Nimm jetzt den verdammten Mantel!«

»Das ist unverhältnismäßig! Mehr als die Hälfte deines Mantels kann ich nicht annehmen.«

»Von mir aus!« Der Mann hockt sich neben seine Tasche und holt etwas heraus: Eine Schere. Mit der fängt er an, den Mantel zu halbieren, vom Kragen abwärts. Das beschäftigt ihn eine Weile. Ich frage mich, ob ich einfach gehen sollte. Ist irgendwie unangenehm die Situation. Andererseits ist sie auch ulkig.

Nach einer ganzen Weile ist er fertig und händigt mir den halben Mantel aus. Ich schlüpfe mit einem Arm hinein, der Rest hängt schief den Rücken herunter. »Toll!« sage ich. Er zieht sich ebenfalls seinen Mantelrest über. »Hätt ich den besser quer teilen sollen?«

»Nee, ist super! Vielen Dank. Ich werd's allen erzählen. Nachher spricht dich noch wer heilig.«

»Meinst du?« Er hebt gerade die Laterne auf. »Muß ich dafür in der Kirche sein?«

»Weiß nicht. Ich glaub, nicht mal Jesus war in der Kirche. Verehrt wird er trotzdem über alle Maße.«

»Ich will gar nicht verehrt werden.«

»Mußt du auch nicht. Wie heißt du eigentlich?«

»Martin.«

»Mach's gut, Martin! War nett, dich kennenzulernen.«

Blöder Typ, denke ich im Weggehen, was soll ich denn mit

einem halben Mantel? Da war Nacktsein irgendwie angenehmer.

Ich will ja nicht undankbar sein. Auf einer Bank sitzt ein bärtiger Mann und trinkt Wein aus einem Tetrapak. So wie der Mann riecht, ist er garantiert obdachlos. Vielleicht kann ich dem ja was Gutes tun, so quasi zum Ausgleich meines Karmakontos.

»Ist Ihnen kalt? Möchten Sie meinen Mantel?«

Er guckt mich schief an. »Bist du 'n Exhibitionist oder was?« Er sei ja wohl eindeutig wärmer angezogen als ich.

»Fehlt Ihnen etwas anderes?«

»Was könnte mir wohl fehlen?« Er deutet auf die Tütensammlung neben sich.

»Woher bitte soll ich das wissen?«

Er zeigt Richtung Himmel.

»Spirituelle Nöte?« vermute ich.

»Hau bloß ab!« Er dreht sich weg.

»Oder nee, ich hab's! Sie sind noch nie geflogen. Ich könnte Ihnen ein Ticket kaufen. Wenn's nicht so teuer ist. Ihnen kann ja egal sein, wohin's geht.«

»Deine Kohle solltest du lieber in einen Empathiekursus investieren. Das einzige, was mir fehlt, ist ein Bett und, na ja, ein Dach.«

Das ist mir jetzt peinlich. Sofort biete ich dem Mann daher an, bei mir auf der Couch zu übernachten. »Kann man auch ausziehen.«

»Für einen fast nackten Mann bist du erstaunlich freundlich!« Der Fremde lächelt, und ich helfe ihm beim Tütentragen. Mein halber Mantel ist dabei sehr hinderlich. Doch was soll man machen? Geschenkt ist geschenkt.

Zu Hause frage ich den Mann, ob er noch was essen will oder was trinken. Er will nicht. »Aber danke!« Er freue sich auf das Bett. Seine Tüten stellt er im Flur ab. Ich richte ihm das Bett her und erkläre, wo das Bad ist. Er nickt. Duschen hält er offenbar für unnötig. Und ich will höflich bleiben. Der Mann wünscht mir eine gute Nacht und selige Träume. Die wünsche ich ihm ebenfalls. Dann schließe ich die Tür.

Als ich im eigenen Bett liege, merke ich erst, wie sehr ich friere. Und mir kommen Bedenken. Ist das eine gute Idee gewesen, nebenan einen Penner – äh – pennen zu lassen? Ich kenne den ja gar nicht. Nachher kriegt der irgendwelche Anfälle, zerschlägt meine Einrichtung. Oder er klaut was! Und warum wollte der vorhin nicht duschen? Der ist ja nicht mal aufs Klo gegangen.

Was für ein verrückter Tag! Erst wollte Angelika partout nicht einsehen, daß ich kein Geld habe, um ihr ein Pferd zu kaufen.

»Das müßten wir schon stehlen gehen, Schatzi!«

»Du hast doch immer Geld«, hat sie durchs Telefon gemotzt.

»Ja, irgendwann ist Sense. Du kannst einem nackten Mann nicht in die Taschen fassen.«

»Du und nackter Mann!« hat sie gelacht. »Du gehst ja nicht mal nackt unter die Dusche.«

So eine Unverschämtheit! Als ich kurz darauf nackt bei ihr auf der Fußmatte stand, gab es neues Ungemach. Ihre Eltern waren zu Besuch. Und als ich vorgeschlagen habe, die könnten ihr ja das Pferd schenken, hat Angelika bloß gezischt, von denen kriege sie erstens bereits ein Auto, und zweitens solle ich mich ganz schnell verpissen. Hab ich dann auch gemacht. Dummerweise lagen meine Klamotten nicht mehr im Depot hinter der Mülltonne. Deshalb mein nächtlicher Nacktspaziergang. Dank der lustigen Pillen, mit denen ich mir zuvor Mut angefressen hatte, war ich zumindest frei von Skrupel.

Ich scheine eingeschlafen zu sein. Sonst würde ich ja wohl kaum aufwachen, als es an der Wohnungstür klingelt. Ich taumle durch den Flur. Immer noch nackt, was mir inzwischen reichlich egal ist. Selbst wenn Angelikas Eltern dort stünden. Stehen sie aber gar nicht. Dafür ein hagerer Typ mit langem Haupt- und Barthaar. Er trägt ein weißes Nachthemd und lächelt.

»Sind Sie ein Freund von – äh?« Ich zeige Richtung Wohnzimmer. »Wollen Sie zu ihm?«

»Ja und nein«, sagt der Fremde in einem Tonfall, in dem sonst ausschließlich Päpste parlieren. »Er ist längst fort.«

»Echt?« Ich sehe mich um. Stimmt, die Tüten sind weg!

»Was Ihr getan habt einem meiner geringsten Brüder«, sagt der an der Tür, »das habt Ihr mir getan.«

»Das tut mir leid, ehrlich! Wollen Sie nicht erst mal reinkommen, Herr – äh?«

»Jesus!« Er lächelt.

»Hallo Jesus, sei mein Gast und geh ruhig vor in die Küche. Ich mach uns gleich Frühstück. Ist vielleicht noch Toast da. Laß mich bloß rasch was überziehen.«

Jesus, Maria! denke ich, ich sollte wirklich aufhören, diese bunten Pillen zu schlucken. Gerade knöpfe ich mein Hemd zu, da klingelt es erneut. Wer kommt jetzt? Der Heilige Geist persönlich? Ich öffne. Mich lächeln zwei Männer in dunklen Anzügen an.

»Hallo«, sagt der eine. Seine Stimme ist ähnlich sanft wie die meines Besuchers. »Wir möchten mit Ihnen über Jesus reden.«

»Wie praktisch! Der sitzt bei mir in der Küche.«

»Hab ich's nicht gesagt!« poltert der andere mit deutlich rauherer Stimme. »Diesmal entkommt er uns nicht.«

Die beiden drängeln sich an mir vorbei.

»Hey!« Ich drehe mich um. Im Flur steht Jesus, pro Hand ein Kreuz. Welche er nun den Eindringlingen entgegenwirft. Worauf diese stöhnend zusammenbrechen. Zuckend liegen sie mit verdrehten Augen und Gliedern auf den Dielen, die Kreuze in den Hälsen. Blut sprudelt.

»Was für 'ne Sauerei!« rufe ich.

»Vergib mir!« sagt Jesus. »Hier bin ich nicht sicher. Ruf beim Bischof an und sag ihm, es gab wieder mal ein Problem mit den Zeugen Jehovas. Er wird dir jemanden schicken.«

Dann ist Jesus weg. Und ich starre ratlos auf die Toten. Wenn selbst Gottes Sohn abhaut, ist denen garantiert nicht mehr zu helfen. Auf den Schreck brauche ich einen Kaffee. In der Küche herrscht ein Chaos sondergleichen. Dort, wo bislang mein Tisch stand, ist ein riesiger Berg aus Toastbrotscheiben aufgetürmt. Verdammt, da läßt man Jesus einmal im Leben allein in seine Küche!

Wahrscheinlich sollte ich erst einmal duschen. Und anschließend rufe ich diesen Bischof an. Nachdem ich mich wieder ausgezogen habe, dreh ich den Hahn auf und springe sogleich erschrocken zur Seite. Das Wasser ist rot! Das ist jetzt aber nicht? Nein, Gott sei dank, kein Blut. Das riecht ... Ich wage einen Schluck. Unglaublich, aus meiner Dusche kommt Wein! Und ich muß sagen, ich habe in meinem Leben durchaus schlechtere Tropfen kosten müssen.

Als am dritten Tag kein Wein mehr aus dem Hahn kommen wollte, habe ich doch mal die Wanne verlassen. War gar nicht so leicht. Im Flur stanken die Zeugen Jehovas vor sich hin. Mit einiger Mühe und sehr schwerer Zunge gelang es mir schließlich, den Bischof an den Apparat zu bekommen. Vor lauter Lallen konnte ich den Sachverhalt kaum darlegen. Der Bischof schien mich trotzdem zu verstehen. »Sie reden in Zungen! War etwa Jesus bei Ihnen?« fragte er nur. Offenbar kam so etwas öfter vor.

Betrugsversuch

Das Telefon weckt mich. Unbekannter Anrufer. Ich drücke trotzdem den grünen Knopf. Eine hohe Männerstimme plappert fröhlich los. »Hallo Onkel Thilo, rat mal, wer dran ist!«

Onkel? denke ich, wie komme ich denn dazu? Verschlafen wie ich bin, spiele ich erst mal auf Zeit. Nicht, daß ich es mir noch mit jemandem aus meiner vernachlässigten Familie verscherze. Sage deshalb: »Das ist ja mal 'ne Überraschung!« Ist es ja auch.

»Und weißt du, wer ich bin?«

Verdammt, der Kerl läßt nicht locker. Mal überlegen. Onkel, Onkel, Onkel. Mein Cousin hat einen Sohn, der ist so was wie mein Neffe zweiten Grades und ungefähr dreizehn Jahre jünger als ich. Oft hab ich den nicht gesehen, zuletzt vor einem guten Jahrzehnt. Ich glaub nicht, daß der mich jemals als Onkel wahrgenommen hat.

»Weißt du gar nicht, wer ich bin?« Der Anrufer fängt an zu nerven.

»Doch!« Ich spiele weiter auf Zeit.

»Und?«

»Okay, gibst du mir 'nen Tip?«

»Och, Onkel, ich bin einer deiner zwei Neffen.«

Zwei Neffen? Vor zehn Jahren gab es nur einen. Aber wie hieß der? Christian? »Christian«, sage ich.

»Schön, Onkel Thilo, du weißt also doch noch, wer ich bin.«

»Ist nicht ganz meine Uhrzeit«, gebe ich zu.

»Oh, das tut mir leid! Habe ich dich etwa geweckt? Das wollte ich nicht.«

»Nein, nein, ist schon recht. Wie geht es euch denn so?«

»Wieso euch?«

»Na dir und deinem Bruder!«

»Ach so, ja.« Der Hellste ist der Anrufer wohl nicht gerade. Den Sohn meines Cousins habe ich auch nicht gerade als Intelligenzbestie in Erinnerung. Aber eine Tendenz zur geistigen Behinderung habe ich an ihm damals nicht feststellen können. Unterhalten konnte man sich mit ihm ganz gut. Hauptsächlich über Computerspiele. Also doch nicht so gut. Und er hat extrem bayrisch gesprochen. Im Gegensatz zu dem Anrufer. Ich ahne langsam, daß mich da einer betrügen will. Sage daher: »Ich steh echt gerade auf dem Schlauch, wie hieß dein lieber Bruder noch mal?«

»Ach, Onkel, das weißt du nicht mehr?«

»Dumme Sache! Gib mir mal 'nen Tip, Anfangsbuchstabe!«

»Na mit K, Onkel Thilo!«

»Stimmt, ja! Kathrin!«

»Siehste, Onkel Thilo, der wär ja auch sehr traurig gewesen, der Kathrin, äh...«

»Meine Lieblingsneffen, Christian und Kathrin!« sage ich, »ich seh euch einfach viel zu selten! Wie geht's dem Kathrin denn so nach der Geschlechtsumwandlung?«

»Gut, ähm, ich meine, eigentlich ...« Mein falscher Neffe ist aus dem Konzept geraten. Das wollte ich nicht. Helfe ihm daher zurück in die Spur. Schließlich würde ich gerne erfahren, was das überhaupt soll. Telefonstreich am frühen Vormittag? Oder steckt mehr kriminelle Energie dahinter? Frage: »Was verschafft mir denn die Ehre deines Anrufs, mein lieber, lang vermißter Neffe?«

»Ich, äh, weißt du, ich wollte dich um einen Gefallen bitten.«

»Dann mal raus mit der Sprache«, ermuntere ich ihn. »Ich bin ja nicht umsonst dein Onkel.«

Er räuspert sich, zögert. Hoffentlich legt er nicht auf, bevor er sein Begehr vorgetragen hat. Endlich sagt er: »Ich hab mir ein Auto bestellt.«

»Ah so!«

»Ja! Einen Touareg!«

»Einen Touareg, tatsächlich!« Ich bin beeindruckt ob dieser Dreistigkeit. Nun kenne ich mich nicht sonderlich gut mit Autos aus, aber als cooles Auto ist mir der Touareg von VW nicht bekannt. Der Anrufer scheint wirklich eine Klatsche zu haben. Ich lasse mir jedoch nichts anmerken und sage: »Ein Touareg! Das ist ja ein schönes, ein ganz schön teures Auto!«

»Ja, nee, ich, äh ...« Herrje! Der Kerl läßt sich viel zu schnell ins Bockshorn jagen. Doof für einen, der vorgibt, ein echter Bock zu sein. »Du brauchst Geld!« helfe ich ihm auf die Sprünge.

»Ja, genau«, nimmt er dankbar an. »Der Wagen wird diese Woche geliefert, und ich bin gerade nicht flüssig.«

»Kein Problem«, sage ich. »Wieviel brauchst du denn?«

»Echt?« Seine Stimme überschlägt sich. »Du willst mir echt helfen? Du bist toll, Onkel Timo!«

»Thilo!«

»Was? Ach so, ja.«

»Wieviel Geld willst du haben, Christoph?«

»Ist nur vorübergehend!«

»Davon gehe ich aus.«

»Also fünfzehntausend wären schon gut.«

»Fünfzehntausend! Du willst mich wohl verarschen, Kathrin?«

»Oh, nein, Onkel Ti ..., äh, und außerdem bin ich nicht der Kathrin, sondern Christoph!«

»Nein«, sage ich, »du heißt Christian.«

»Ach ja!«

»Und wie viel willst du jetzt haben?«

»Also, öh«, er denkt nach. »Fünftausend wären auch okay.«

»Mensch, Christian, du mußt fuffzichtausend sagen! So 'n Touareg kostet doch was.«

»Ja, kann sein. Ich mein ... Ich hab ja hier was, das reicht nur nicht.«

»Hast du etwa wieder Opa Horst angepumpt?« Ich bin gespannt, wie er mit dem unerwarteten Verwandten umgeht. Das Tolle ist, weder er noch ich kennen Opa Horst.

Trotzdem behauptet der Anrufer, etwas von Opa Horst bekommen zu haben. »Aber bloß ein bißchen!«

Ich stöhne. »Mensch, Christian! Ist dir nicht klar, daß Opa Horst im Knast auf keinen Fall über das Geld sprechen darf? Sollten die jetzt rauskriegen, wo wir das versteckt haben, kannste dir deinen Touareg sonstwo hinschieben, nur nicht in eure Garage auf Malle.«

»Was?«

»Mallorca«, erkläre ich. »Von wo rufst du überhaupt an, ist das nicht ziemlich leichtsinnig? Die hören doch mein Telefon ab!«

»Was?«

»Nee! War 'n Scherz! Keine Sorge, die wissen nichts von mir.« Das ist vielleicht etwas unlogisch, aber die Geschichte braucht ja noch ein Ende.

Mein falscher Neffe atmet auf. »Und ich dachte schon.«

»Also«, sage ich mit plötzlicher Bestimmtheit, »du kannst die fünfzigtausend haben!«

»Echt jetzt?«

»Ja, sicher.«

»Ein Freund von mir ist gerade zufällig bei dir um die Ecke ...«

»Ich habe das Geld natürlich nicht hier. Das war so praktisch mit dem Luxemburger Bankgeheimnis. Dumm bloß, daß man da erst mal hinmuß. Und ich bin selber gerade etwas klamm.«

»Ach so?«

»Du hast doch das Geld von Opa Horst ...«

»Ja?«

»Schickst du's mir?«

»Wieviel brauchst du?«

»Wieviel hast du?«

»Laß mal gucken.« Er legt den Hörer zur Seite und beginnt zu zählen. »Onkel, hörst du?«

»Ja, mein lieber Neffe.«

»Das sind siebenundfünfzig Euro dreißig.«

»Ist ja nicht gerade viel.«

»Ich weiß, Onkel.«

»Macht nichts. Reicht für 'n Supersparticket nach Luxemburg.«

»Gut, dann machen wir das so.«

»Wunderbar! Schön, mal wieder von dir gehört zu haben. Und grüß den Kathrin von mir!«

»Wen? Ach ja, mein Bruder!«

»Bis bald, Christian!«

»Ja.« Es klickt.

Zufrieden falle ich zurück aufs Bett. Zwischen mich und meine Familie passen höchstens ein paar dünne Scheine.

Wie Gras und Ufer

Hallo?! Ist dort der Kirchentag? Hier ist Darkman, ich meine Daniel, und ich hätte gern ein paar frische Christen. Ich hab da diese Werbung gesehen: Kirchentag sucht Übernachtungsmöglichkeiten. Wo so 'n Typ im Hundekörbchen kauert. Also, das kann er bei uns auch haben. Wobei uns Jungfrauen, äh, junge Frauen lieber wären. Katholisch müßten sie aber sein. ... Ja ja, Platz haben wir genug. ... Betten, wieso Betten? Kriegen wir hin! Kein Problem. Falls die sich mal ausruhen wollen. Und könnten die vielleicht ein paar Kreuze mitbringen?! Unsere sind arg angekokelt.

Was kann es Schöneres geben, als mit den anderen von der KJF-Singegruppe nach Berlin zu reisen?! Da ist sehr viel mehr los als in Kleinlüder, auch wenn Pfarrer Klappenbroth die sechs vor den Gefahren der gottlosen Stadt eindringlich gewarnt hat. Immerhin fährt man zum ökumenischen Kirchentag. Da dürfte nichts passieren. Und dann haben Jessica, Katharina, Steffi, Anna, Anna und Ingo auch noch das Glück, privat untergebracht zu sein. So würden sie gleich ein paar Berliner Christen kennenlernen, mit denen sie die halbe Nacht lang singen oder einfach nur quatschen könnten. Jessica hatte mit Daniel telefoniert, um Details ihres Aufenthaltes abzuklären, und Daniel schien echt total locker und cool zu sein, ein echter Hauptstädter eben. Das einzige, was sie mitbringen sollten, war Weihrauch. Na, so was ist im unkatholischen Berlin wohl schlecht zu besorgen. Deshalb hat Pfarrer Klappenbroth ihnen eine große Packung mitgegeben.

Allein die Anreise war total lustig. Die sechs haben die ganze Fahrt von Fulda nach Berlin gesungen, so daß auch die anderen Reisenden im IC eine fröhliche Unterhaltung hatten. Nun aber steht die KJF-Singegruppe Kleinlüder endlich vor der schwarzgestrichenen Tür von Daniels WG. Der Klingelknopf sieht aus wie ein kleiner Totenkopf. Die Leute scheinen einen etwas ausgeflippten Humor zu haben. Katharina drückt drauf. Man hört kein Klingeln, nur so ein seltsames Krähen. Ob die einen Papageien haben? Katharina läutet noch mal, und es kräht wieder. Das finden die sechs lustig. Sie kichern, als die Tür aufknarrt. Hinter der ist es dunkel. Selbst der große Mann, der vor ihnen steht. Er trägt eine Kutte, lange Strähnen hängen aus der Kapuze. »Was?!«

»Hallo, wir sind Jessica, Katharina, Steffi, die eine Anna, die andere Anna und Ingo. Ist der Daniel zu Hause?«

»Wer?«

Aus dem Dunkeln fragt jemand, was los sei.

»Darkman, hier sind ein paar Kinder, die zu einem Daniel wollen!«

Kaum zu Ende gesprochen, steht bereits ein zweiter Kuttenträger im Türrahmen. »Na, so was. Ihr seid ja schon da! Wir haben euch erst später erwartet. Aber schön, kommt rein!«

»Stören wir euch bei irgendwas?«

»Na ja, das Ritual. Bei dem könnt ihr ja gleich mitmachen.«

»Au ja! Toll, daß ihr euch so auf den Kirchentag vorbereitet!«

»Ja ja, geht ruhig vor in den Raum hinten links.«

In dem Zimmer hinten links ist es ziemlich düster. Nur wenige Kerzen brennen auf dem Fußboden. Sie sind etwas komisch angeordnet. Die eine Anna weiß, daß das ein Pentagramm ist. Und die andere Anna fragt, ob das nicht eigentlich was Böses ist.

»Guck mal, das Kreuz da ist schief!« ruft Katharina. »Und das hier muß umgefallen sein. Der arme Herr Jesus hängt mit dem Kopf nach unten.« Steffi stellt es richtig hin.

»Findet ihr es auch so stickig hier drin?« Ohne das Nicken der anderen abzuwarten, zieht Jessica die Vorhänge auf und öffnet das Fenster. Mit Schrecken bemerkt Ingo, daß er sich zum Stimmen seiner Gitarre auf einen Sarg gesetzt hat. »Hauptstadt ist echt cool«, ruft die eine Anna. »Total schrill!« die andere Anna.

»Was?! Was 'n hier los?«

»Macht sofort das Licht aus!«

Die Gastgeber stehen im Raum. Daniel stürzt zum Fenster und schließt es. »Ihr blöden Christen, wenn ER weg ist, dann gibt's ... Dann reiß ich euch die Herzen raus!«

»Hu, ihr seid ja straff drauf!« meint die andere Anna. Und die eine lacht. »Wer könnte weg sein?« Katharina ist echt besorgt.

»Euer Papagei?« fragt Steffi. Jessica hält Ausschau nach einem Vogel. »Das wollten wir nicht!«

»Ihr versteht aber auch gar nichts.« Daniels Mitbewohner stellt das Kreuz wieder richtig hin, also falsch rum.

»Laßt uns erst mal was singen! Das ist immer gut.« Ingo schlägt ein paar Akkorde an. Der Rest der Singegruppe jauchzt auf und fängt sogleich an zu trällern: »Möge die Straße uns zusammenführen und der Wind in deinem Rücken sein ...«

»Ey, Moment mal. Aufhören mit dem Scheiß!«

Die Singegruppe ist zu sehr in ihrem Element, um der Aufforderung von Daniel nachzukommen. »... hab, wenn es kühl wird, warme Gedanken und den vollen Mond in dunkler Nacht.«

»So geht das hier nicht!« Die beiden Kuttenträger sind sehr ungehalten. »Hört mit dem Geseiere auf!«

»Hab unterm Kopf ein weiches Kissen ...« Nach und nach halten alle Singenden inne.

»Kennt ihr das Lied nicht?«

»Wollen wir was anderes singen?«

»Jetzt hört mal gut zu«, grunzt Daniel. »Wir machen hier eine seriöse Messe. Da wird nicht fröhlich rumgeplärrt!«

Erschrocken starren Jessica, Katharina, Steffi, die eine Anna, die andere Anna und Ingo die beiden Kuttenträger an.

»Das muß ja eine seltsame Messe sein«, stammelt Jessica, »so ganz ohne Lieder.«

»Wir haben schon unsere Lieder.«

»Dann ist ja gut«, ruft Ingo erleichtert. »Nur böse Menschen singen keine Lieder!«

»Böse?« Daniel fixiert den Knaben. »Was hast du gegen böse Menschen?«

»Wir zum Beispiel sind extrem böse!« fügt sein Kumpel hinzu.

»Echt?« Die Münder der Jugendlichen stehen offen. »So richtig böse?«

»Seid ihr am Ende Satanisten?« fragt die andere Anna. Ein Raunen geht durch den Raum.

»Aber wieso?«

»Liebt euch denn keiner?«

»Was hat das damit zu tun?« fragt der, der nicht Daniel heißt.

»Na, Jesus liebt doch auch euch!« Ingo stimmt zur Probe ein Lied an: »Jesus liebt dich, Jesus hat dich lieb, Jesus liebt dich, Jesus hat dich ...«

»Aufhören!« kreischt der Nichtdaniel. »Wir wollen diesen Namen hier nie wieder hören.«

»Wie kommt ihr ganz ohne Liebe klar?« Die Mädchen können sich kaum einkriegen vor Neugier. »Brauchen Satanisten keine Liebe?«

»Jetzt paßt mal auf, ihr blöden Backfische.« Mit finsteren Mienen mustern die Gastgeber ihre Besucher. »Liebe ist lediglich ein Gefühl, das durch Hormone verursacht wird, um zwei Menschen aneinander zu binden.«

»In erster Linie geht es dabei um Sex!« Daniels Gesicht nähert sich dem von Katharina. »Ich kann dir gerne zeigen, wie sich Liebe anfühlt.«

»Ach«, kichert diese, »das hat mir Pfarrer Klappenbroth schon gezeigt.«

»Was?« Der Rest der Singegruppe Kleinlüder zuckt zusammen. »Du auch?«

»Er hat mir gesagt, daß er nur mich liebt!« schluchzt Steffi.

»Mir genauso!« weint die eine Anna spontan los, während die andere Anna fassungslos daneben sitzt und sagt: »Ich glaub, ich bin schwanger.«

Ingo springt vom Sarg und stampft zornig mit dem Fuß auf. »Das Schwein! Hat immer gesagt, auch Jesus hätte nie was mit Frauen gehabt!«

»Wie?«

»Mit dir?«

Die Mädchen schauen zu Ingo. Der nickt betreten. Anschließend ist der Bann gebrochen. So inbrünstig, wie sie eben gesungen haben, heulen sie nun los. Die beiden Satanisten stehen fassungslos davor. »Hey, aufhörn! Alles ist gut. War nicht so gemeint.«

»Hallo! Wir sind gar nicht richtig böse!«

»Was haltet ihr von ... Wollen wir nicht lieber was singen?« Daniel greift sich die Gitarre und probiert ein paar Akkorde. »Kennt ihr das hier?«

Die Singegruppe ist für einen Moment still. Bis Daniel unsicher zu singen beginnt: »Herr, deine Liebe ist wie Gras und Ufer.«

Das bringt die Singegruppe nur dazu, noch lauter aufzuheulen.

»Laß mich mal!« Der andere Satanist nimmt sich die Gitarre und fängt an, zu spielen und zu singen: »Laudato si, o mi signore, Laudato si ...«

Auch das hilft nichts. Resigniert schleicht Daniel zum Telefon.

Hallo, spreche ich mit dem Kirchentag? Hier ist wieder Daniel, äh, Darkman. Hören Sie, man nennt mich den Darkman. Wir haben es uns anders überlegt. Wir wollen doch keine Christen, jedenfalls keine jungen. Haben Sie nicht ein paar stumme Christen? Welche, die nicht immerzu singen wollen? Und rumflennen? Und keine Katholiken, bitte!

Mein Schicksal als Zahl

Wir sind 80 Millionen Deutsche in diesem Land, 39 Millionen Männer, 41 Millionen Frauen. Zwölfeinhalb Millionen davon sind minderjährig, über drei Millionen leben in Berlin. 27 Prozent von uns rauchen. 15 Prozent nehmen regelmäßig Schmerzmittel. Pro Jahr werden 3,5 Millionen Führerscheinprüfungen absolviert und zu gut 80 Prozent bestanden. In der gleichen Zeit sterben 4.000 Menschen im Straßenverkehr. 9 Prozent in diesem Land ernähren sich vorwiegend vegetarisch, und 19 Prozent trinken keinen Alkohol, außer wenn sie krank sind, doch da heißt das Hustensaft.

Auch ich bin mitgezählt worden, gelegentlich sogar mehrfach. Dankenswerterweise ruft mich gefühlt alle fünf Minuten irgendein Callcenterlohnsklave an, um meine Meinung oder das Konsumverhalten der Angehörigen meines Haushalts zu erfragen. Ich rede gern mit diesen Menschen. So bin ich weniger allein und beschaffe ihnen gleichzeitig eine Daseinsberechtigung. Und sie mir. Was wären all die Demoskopen ohne mich? Sie wären aufgeschmissen! Wer außer mir nimmt noch freiwillig an diesen Umfragen teil? *Wen würden Sie wählen, wäre heute Sonntag?* Heute ist aber nicht Sonntag. Sonntags wähle ich immer

Sahnetorte, werktags bevorzuge ich dagegen Salzgebäck. Zumindest in Monaten mit R. Manchmal auch mit U.

Ich habe mich in hoffentlich viele Statistiken hineingelogen. Um sie zu verfälschen und überflüssig zu machen. In meinem Stadtviertel warten Tiefgaragen, Parkbänke, Spielplätze, Kindertagesstätten, Elektroautoaufladestationen auf meinen Bedarf und den meiner nicht existierenden Nachkommen, Haustiere, Lebenspartner, Fahrzeuge. Von jedem habe ich laut jüngsten Erhebungen mindestens drei.

Mein Profil habe ich nie zu Gesicht bekommen. Deswegen vermute ich lediglich, daß es mich als extrem promiskuitiv ausweist. Demnach praktiziere ich die Polyandrie, die Vielmännerei. Ich lebe als Transsexuelle mit – je nach Umfrage – drei bis sieben Männern und mehreren Rudeln Kindern und Haustieren zusammen in einer Acht-Komma-fünf-vier-Zimmerwohnung im Souterrain eines Neubaublocks am Park. Vielleicht bin ich auch wegen mancher Unglaubwürdigkeit nicht überall erfaßt worden. Um manche Angabe wäre es mir schade. Zu gern gälte ich als tätowierter Teilzeittaxifahrer mit abgebrochener Ausbildung zum Goldschmied und einer Jahreskarte im Aquarium.

Seit dem Jahr, in dem ich geboren wurde, sterben hierzulande mehr Menschen, als neue zur Welt kommen. Und ich bin nicht einmal dafür verantwortlich. Das ist bloß mein Schicksal als Zahl.

Zahlen bitte: Ich hatte einmal Windpocken, keinmal die Masern, war dreimal im Krankenhaus mit vier Knochenbrüchen. Ich ging dreizehn Jahre ununterbrochen – sieht man mal von den Ferien ab – auf zwei verschiedene Schulen und studierte vierundzwanzig Semester lang acht Fächer in mehreren möglichen Kombinationen. Drei davon mit ernster Absicht, fünf eher aus Spaß am Absurden. In Atomphysik und Alter Geschichte wollte ich tatsächlich gerne einen Abschluß machen. Das wäre auch gut gewesen für die statistische Erhebung der Fächerkombinationen, war mir aber doch zu anstrengend. Man muß ja nicht übertreiben.

Warum ich das mache? Ich habe ja sonst nichts zu tun. Ich gehe keiner rentenversicherungspflichtigen Tätigkeit nach, beziehe allerdings auch keine direkten Sozialleistungen. Wovon ich lebe, ist nicht bekannt. Strenggenommen existiere ich nicht, dabei bin ich multipel. Ich besitze unzählige Kundenkarten, für jede Gelegenheit mindestens drei. An geraden Tagen zeige ich die hellen vor, an ungeraden die dunklen. Ich gebe bei jedem Einkauf an der Kasse eine andere Postleitzahl an. Postleitzahlen, von denen nicht einmal ein Drittel existiert.

Manches erwerbe ich lediglich, um die Bedarfszahlen durcheinanderzubringen, in möglichst unsinnigen Kombinationen. Drei Paar Herrensocken, Größe 39, und einen BH Doppel-D. Frische Hühnerlebern und einen Beutel Dinkelmehl. Eine CD von Helene Fischer und eine Schachtel Lüsterklemmen. Häkelhaken und eine Großpackung grobnoppiger Kondome. Nasenspray und eine elektrische Pfeffermühle. Meine Einkaufslisten sind lang und geben mir ein ungeahntes Gefühl von Stärke. Ich beeinflusse die Produktion großer Konzerne, indem ich falschen Bedarf vortäusche. Stehe ich zum Beispiel vor einem Joghurtregal mit den neuesten Trendgenüssen, bin ich mir sicher, daß ich nicht allein bin in meinem Tun.

Was ich wirklich benötige, muß ich mitunter stehlen. Um die Kriminalitätsstatistik zu relativieren, lege ich ein Drittel davon nach längerer Zeit unauffällig zurück, am liebsten in andere Geschäfte. Die Barcodes bleiben ja die gleichen. Ich bin auch schon erwischt worden. Mehrmals. Mir konnte jedoch selten etwas nachgewiesen werden. Ein Großteil der Waren in meinen Taschen paßten nicht zum Sortiment.

Dafür habe ich Hausverbot in einer multinationalen Bekleidungskette, bei der ich nie etwas geklaut habe. Was man mir aber nicht nachweisen konnte. Weil es niemand versucht hat.

Das ist das Praktische: Nicht alle Angaben, die man macht, werden überprüft.

So saß ich zu Unrecht zehn Jahre wegen Totschlags im Gefängnis. Als Justizirrtum gilt mein Fall ganz und gar nicht, obwohl die Leiche nie gefunden wurde. Das Opfer hat nie existiert. Auf seinen Namen liefen lediglich fünf Kundenkarten, ein Organspendeausweis und ein Handyvertrag. Letzterer allerdings nur sehr kurz wegen der negativen SchuFa-Auskunft. Auf die bin ich besonders stolz. War nicht einfach, das hinzukriegen.

Ich bin bei drei Psychologen in Behandlung, bei einem von Staats wegen. Dort aber mit falscher Identität. Ich führe die Existenz meiner vor drei Jahren verstorbenen Nachbarin fort. Für deren Ableben ich nichts kann. Das war die Natur! Viel von ihrer Rente bleibt mir nicht, ich zahle schließlich doppelt Miete, doch die Verwirrung der Behörden ist es mir wert. In ihrem Namen hole ich mir übrigens regelmäßig Lebensmittel bei der Gemeinde um die Ecke, dabei ist sie postum aus der Kirche ausgetreten. Man muß ja nicht übertreiben.

Gewissensbisse hatte ich anfangs dennoch, wo ich Frau Krause doch auf einem katholischen Friedhof bestattet habe. In einem Familiengrab zwischen zwei längst verwesten, kinderlos gebliebenen Eheleuten. Hans und Helga Hauke werden nichts dagegen gehabt haben. Gewissermaßen sind wir Geschwister im Geist. Ein Familiengrab für zwei. Auf so was spare ich auch. Und zwar für mich ganz allein! Ich möchte es mir für einhundert Jahre im Voraus sichern.

Ich würde so gerne Dinge tun, die nicht gehen. Lieder singen, die es nicht gibt. Doch gibt es sie ja dann. Menschen küssen, die nie geküßt werden. Nur küssen sie ja dann. Kann man einem Ding einen Namen geben, den sich niemand merken kann? Und trotzdem wüßten alle, das ist das Ding mit dem Namen, den man sich nicht merken kann. So ein Ding wäre ich gerne. Leider bin ich kein Ding. Und ich habe einen Namen, den jeder kennen würde, würde er ihn kennen. Dabei bin ich lediglich eine Zahl in unzähligen Statistiken. Eine Zahl, die ich nicht mal selber kenne. Immerhin bin ich der Plusminusfaktor, der Graubereich. Mit mir muß man rechnen. Ich bin der Fehlerquotient im System.

Ziemlich mieses Frauenbild

Im *Abgrund*, einem Laden, den ich aufgrund seines Namens bislang gemieden hatte, zumal er in einem Neubaugebiet am Stadtrand lag, herrschte prima Stimmung. Jedenfalls unter den fünf Gästen, die sich hier aufhielten. So lange man viel trank, wurde man vom Wirt in Ruhe gelassen. Dafür lief ohrenbetäubend laut melodramatischer Metal: *Manowar, Blind Guardian, Slayer*. Diese Bandnamen standen auf den Songbüchern, in die der Wirt andauernd seine Nase steckte. Bei sämtlichen Liedern sangen die drei Billard spielenden langhaarigen Kuttenträger inbrünstig mit. Ich selbst saß am Tresen und trank. Mehr Beschäftigung war nicht. Mir gefiel das.

Am anderen Ende der Theke lehnte eine kleine kompakte Frau mit fast kahl rasiertem Schädel. Die Radikalfrisur stand ihr. Am Nacken und an ihren Händen waren Ausläufer schwungvoller Tätowierungen zu sehen. Durchaus möglich, daß ich die Frau mehr, als sich das geziemt, angeglotzt habe, weshalb sie mir irgendwann zurief, daß ich ihr gefälligst mal ein Bier ausgeben solle.

Ich willigte ein. Und nach zwei weiteren Runden wagte ich, mich neben sie zu stellen.

»Hab ich falsch geguckt oder watt?« Sie trat ein, zwei Schritte zur Seite.

»Nee, ich dachte nur.«

»Man trinkt doch, um nicht nachdenken zu müssen«, sagte sie und nahm einen langen Zug Bier.

»Rosemarie«, sagte sie schließlich, ohne mich anzuschauen, »und selber?«

Ich stellte mich vor. Sie nickte. Und trank. In den Boxen sang jemand von einem Herzen aus Stahl. »Du hast einen schönen Namen«, sagte ich zu Rosemarie.

»Ach, halt die Klappe. Bestell lieber Schnaps.«

Ich tat's. Und noch mal. Und noch mal. Der Wirt zwinkerte mir fröhlich zu und wechselte die Musik. Irgendwas Symphonisches. Fortan blickte der Wirt in eine Wagnerpartitur, und die Bartträger am Billardtisch sangen mit.

»So«, sagte Rosemarie zu mir, »jetzt bringst du mich heim!«

»Ach so? Wie kommst du darauf?«

»Weil ich das sage!«

»Und das solltest du besser tun«, sagte der Wirt, der mein Glas randvoll nachfüllte. Rosemaries Glas blieb leer.

»Warum kriegt sie nichts?«

»Du kannst es besser brauchen«, sagte der Wirt und schob mir zwei Deckel rüber. »Zusammen, nehme ich an?«

Ich bezahlte für Rosemarie und mich und gab ordentlich Trinkgeld. Der Wirt wünschte ihr viel Spaß und mir viel Glück. Die Kuttenträger winkten zum Abschied.

Rosemarie wohnte nicht weit. Im Fahrstuhl fragte ich sie, ob sie mit mir knutschen wolle, woraufhin sie lachte. »Hättste wohl gerne, was?«

Meine diesbezüglichen Zweifel behielt ich lieber für mich.

Die Wohnung war spärlich eingerichtet. In dem Zimmer, in das sie mich führte, gab es einen Stuhl, eine Matratze, einen Fernseher und einen Waffenschrank. Ja, ich mußte dieses Wort mindestens zweimal denken, um zu realisieren, daß dort wirklich ein gut bestückter Waffenschrank stand, Eiche rustikal.

»Gefällt er dir?« Sie ging hin und entnahm ihm ein riesiges Gewehr. »Erbstück von meinem Alten. Der war Jäger.«

»Ach so«, sagte ich.

»Willste nicht wissen, woran er gestorben ist?«

»Ja, na ja.«

»Jagdunfall!« Rosemarie richtete den Lauf auf meinen Schritt. »Die haben mir das geglaubt, allein wegen meiner Krankheit.«

»Du bist krank? Kann ich mir gar nicht vorstellen.«

»Hätt ich von dir auch nicht gedacht.« Sie warf die Waffe aufs Bett und entledigte sich der Lederjacke. »Komm her!« Sie streckte die Arme nach mir aus. Die waren, wie erwartet, über und über tätowiert, nicht mit Bildern, sondern mit viel Schrift. Männernamen, alle durchgestrichen. Sie bemerkte meinen Blick. »Das sind alles Exfreunde. Ach, und hier«, sie hob den rechten Arm, deutete auf die Oberarminnenseite, »da steht mein Vater.« Gustl – ebenfalls durchgestrichen. Daneben eine freie Stelle. »Hier könnte dein Name stehen.« Sie lächelte.

»Wäre mir eine Ehre. Leider muß ich jetzt gehen.«

»Du bleibst hier!« Rosemarie packte mein Handgelenk.

»Ich sollte dich doch nur hier hoch ...«

»Hast du etwa Angst?« Ihr Griff schmerzte. »Wir könnten ein Spiel spielen, kennst du die Moorhuhnjagd?«

»Dieses Computerspiel? Ja, fand ich früher mal ganz witzig.«

»Sieht dir ähnlich!« Sie ließ mich los.

»Computerspiele langweilen mich meistens schnell.« Ich betrachtete die Rötung an meinem Handgelenk.

»Mich auch«, sagte Rosemarie und öffnete das Fenster. »Schon mal auf Menschen geschossen?«

»Nein, und ich hab's auch echt nicht vor.«

»Aber Moorhühner abknallen!« Rosemarie ging zum Schrank und entnahm ihm ein weiteres Gewehr.

»Moorhühner«, ich versuchte zu lachen. »Das ist virtuell gewesen.«

»Das sagen sie alle.« Sie drückte mir die Waffe in die Hand. »Die armen Moorhühner!«

»Tut mir leid. In Zukunft werde ich nur noch auf Menschen schießen.«

»Ich will's hoffen!« Sie zeigte mir, wie man entsichert.

»So?« Nachdem ich den Hahn umgelegt hatte, richtete ich den Gewehrlauf auf Rosemarie.

Sie grinste. »Nicht auf mich, das ist zu leicht.«

»Hände hoch! Mit den Händen an die Wand.«

»Uh, du machst mich ganz scharf!« Sie streckte die Arme nach mir aus.

»Nichts da!« schrie ich. »An die Wand.«

»Okay?« Das Lächeln verschwand, und sie tat wie geheißen.

»Beine breit!« befahl ich.

»Ich ahne, was du vorhast.« Sie kicherte.

»Klappe!« Ich ging ein paar Schritte rückwärts, wankend. Der Alkohol kann nicht der alleinige Grund für meine weichen Knie gewesen sein.

Obwohl Rosemarie sich brav an meine Anweisungen hielt, wagte ich nicht, mich umzudrehen. Ich nahm eine Hand vom Gewehr und tastete nach dem Rahmen der Zimmertür. Die stand schließlich offen. Plötzlich fühlte ich was Weiches. Das zudem warm war. Es konnte sogar sprechen.

»Was passiert denn hier?« fragte eine tiefe Stimme mit bayrischer Einfärbung. Erschrocken drehte ich mich um und sah in das rote, grobhäutige und bebartete Gesicht eines älteren Herren im dunkelgrünen Pyjama.

»Paps?« Rosemarie hielt sich offenbar nicht länger an meine Anweisung. »Ich dachte, du schläfst!«

»Und ich dachte, der ist ...« Ich biß mir das Wort »tot« von den Lippen ab und ließ das Gewehr sinken. »Ich wollte gerade gehen!«

»Ist ja auch spät genug«, sagte der Mann und trat zur Seite. Da hörte ich es hinter mir klicken. »Laß das nicht zu, Paps! Der Kerl wollte mich umbringen. Wir sollten die Polizei rufen.«

»Ist das wahr?« fragte mich der Mann.

»Nein, wirklich nicht!« Ich ließ das Gewehr los. Es fiel gegen den Stuhl, und ein Schuß löste sich. Ich erschrak darüber am meisten.

»Gut, daß das Fenster offensteht!« Der Vater lachte. Er ging auf Rosemarie zu. »Mädchen, spiel doch nicht immer das harte Weib. Die ganzen Arme hast du dir wieder vollgemalt. Woher kennst du den Jungen überhaupt?«

»Egal!« Sie entsicherte hörbar das Gewehr. »Fest steht, er hat ein ziemlich mieses Frauenbild. So 'ne Memme, die im tiefsten Inneren auf Kampflesben steht.«

»Moment mal, ich ...«, fing ich an.

»Das liegt an deiner Frisur«, sagte der Vater. Auf dessen Pyjama waren Hirsche gedruckt.

»Die Flöhe hab ich deinem blöden Köter zu verdanken«, sagte Rosemarie.

»Laß den Jungen gehen!« sagte der Vater. »Schau nur, dem läuft schon Wasser aus den Hosenbeinen!«

»Der pißt uns den Teppich voll«, knurrte Rosemarie, »so wie Hasso. Was glotzt du so?« Sie sah mich wütend an. »Hau bloß ab!«

Das ließ ich mir nicht zweimal sagen. Ich rannte aus der Wohnung, wartete erst recht nicht auf den Fahrstuhl, sondern polterte die Treppe hinab.

Draußen wurde es langsam wieder hell. Nach ein paar Metern sah ich ein totes Moorhuhn auf dem Pflaster liegen. Es war wohl vom Himmel gefallen.

Die Fritierung der Welt

Freunde! Eine neues Zeitalter ist angebrochen, unser Zeitalter. Eine Ära! Die Ära der Friteuse! Ach, wenn ich an unsere Anfänge denke, als ich mit Fritz beisammensaß. Mit Fritz, dem Hüter der Friteuse. Den ich als ersten kannte. Ich war es auch, der ihm die Friteuse geschenkt hat, weil er nichts lieber aß als Fritiertes. Für mein kleines Geschenk habe ich mir wochenlang die Freuden des Alltags vom Munde abgespart. Aber das war es wert. Nie werde ich das Glück in Fritzens Gesicht vergessen, welches aufblitzte, als er das Geschenk ausgepackt hatte. Nur mit Mühe konnte er seine Tränen zurückhalten, Tränen der Freude natürlich, über ein so teures, wunderbares Geschenk. Mit atemloser Stimme vermochte er lediglich zu artikulieren: »So was Blödes hab ich ja noch nie bekommen!«

Jahaaa, Freunde, in seiner Verwirrung sagte er tatsächlich »so was Blödes« und meinte doch »so was Schönes«. Anschließend sagte er, zu gern würde er mich festlich bewirten, nur habe er nichts Eßbares im Haus und kein Geld, etwas zu kaufen. Genau wie ich, mein letzter Groschen war in die Friteuse geflossen. Öl hatte ich natürlich ebenfalls gekauft. So blieb uns nichts weiter übrig, als mit leeren Bäuchen neben der Friteuse zu sitzen und sie still vor sich hin brutzeln zu lassen. Ein erbauliches Gefühl, das ihr alle kennt, denn das Sitzen um die knisternde Friteuse ist nicht zufällig unser Ritual geworden, das den heiligen Moment der Erweckung evoziert. Und ihr wißt alle, was danach kam. Danach kam nämlich mir, uns, oder vielmehr Fritz, letztlich ist ja egal, wem diese Idee eingegeben wurde, wessen Blick auf dieses Brötchen fiel, ein ganz normales, altes Brötchen, das seit Wochen auf dem Fensterbrett in Fritzens kleiner Küche gelegen hatte, genau so ein Brötchen, wie wir es bis heute nehmen, um dieses Augenblickes zu gedenken. Ein altes Brötchen, ungenießbar zwar, doch fritieren ließ es sich einwandfrei. Und so werde ich nun wie so oft zuvor dieses Brötchen hier dem Fett übergeben.

Bis es aber so weit ist, möchte ich erinnern an das Wunder, das uns widerfahren ist, nachdem wir das glänzend fritierte Brötchen aus dem Fett zogen. Dessen Anblick erfüllte uns mit heller Freude. Wir lachten vor Glück. Und dann sagte Fritz: »Da können wir auch den Müll fritieren!«

Und das taten wir. Fritierten Bananenschalen, benutzte Taschentücher, Joghurtbecher, zerknülltes Papier und sogar eine alte Zahnbürste. Und als wir all das schließlich aus dem Fett fischten, jedes Teil überzogen mit einem feinen, glänzenden Fettfilm, sahen wir, daß es gut war. Wir fritierten weiter. Wie im Rausch. Der Mülleimer war bald leer. Daher fritierten wir alles andere, Messer, Gabeln, Teller, ein Glas! Fritz raste vor Wonne. Er schleppte seinen halben Besitzstand in die Küche und fritierte ihn wie ein Besessener. Einen Waschlappen, seinen Rasierer, die Pantoffeln, Bücher, Stifte und zuletzt sogar seinen Kopfkissenbezug.

»Fritz!« rief ich. »Was machst du da? Willst du denn die ganze Welt fritieren?«

»Ja!« schrie er mit sich überschlagender Stimme durch die fettriefende Luft, »die ganze Welt muß fritiert werden! Laß uns nicht länger warten!«

Also begannen wir, die Welt zu fritieren. Klein fingen wir an und im Dunkeln. Einzelne Zweige von Pflanzen am Wegesrand, die wir in das Fett tauchen konnten. Fahrradsattel, Laub und andere Abfälle, alles, wohin wir mit unserer Friteuse kamen und so weit ihr Kabel reichte. Wir kauften ein längeres Kabel. Dann jedoch stolperte Ron über dieses Kabel. Und wer will ihm verdenken, daß er verwirrt war und wir ihn erst besänftigen mußten, mit unserer Idee überwältigen. In dem Augenblick, da wir seine Hand in das Fett tauchen wollten, brüllte er, er habe eine Lösung, wie es sich auch ohne Kabel fritieren ließe, er sei Elektriker, er könne da was zusammenlöten.

So baute Ron unser Standgerät um zu einer mobilen Friteuse. Die erste dieser Art. Der Prototyp. Den ihr bis heute anbeten dürft. Ron, der sich uns anschloß, weil er sofort begeistert war von unserer Mission, Ron sagte, wir müssen *zu* den Menschen gehen. Also gingen wir zu den Menschen. Zuerst wagten wir uns nur an den Einzelnen heran. Wir traten auf ihn zu. Umstellten ihn und beglückten ihn mit unserer Botschaft: »Alles, wirklich alles ist fritierbar. Dein Hut, deine Brille, deine Schuhe, dein Schal, deine Schlüssel. Nur dein Geld, dein Geld gib uns, auf daß wir neue mobile Friteusen bauen können, um unserem Ziel näherzukommen, in einer besseren Welt zu leben, in einer fritierten Welt.«

Viele gaben uns ihr Geld ohne lange Diskussion und voller Wonne. Endlich gab es wieder eine Vision, für die es sich zu leben lohnte. Immer mehr schlossen sich uns an, und das wißt ihr nur zu gut. Ihr, die ihr zu diesen Auserwählten zählt. Ihr habt in fritierter Bettwäsche geschlafen. Ihr seid die Jünger der heißen Ölwanne!

Mit den von Ron konzipierten und konstruierten Rückenfriteusen haben wir jeden Winkel dieser Stadt fritiert. Haben die Menschen unterwegs angehalten und zu Hause aufgesucht, um ihr Hab und Gut ins Fett zu tauchen. Alles, bis auf das Geld.

Das brauchen wir nach wie vor, um neue Geräte zu bauen und zu entwickeln. Größere Friteusen. Auch Fernseher, Klaviere und Kleinwagen wollen fritiert werden. Ron und Fritz – das möchte ich an dieser Stelle betonen – haben alles gegeben. Es ist tragisch, es betrübt mich stets zutiefst, daß sie bei ihren Selbstversuchen für eine Ganzkörperfritur ihre Leben geben mußten. Welch ergreifender Augenblick, dem nur ich beiwohnen durfte! Zu gerne wäre ich ihnen gefolgt in das brodelnde Fett, bloß mußte einer ja Zeugnis ablegen von diesem Ereignis. Wie sie in diese riesige Fettwanne gesto... gestolpert sind für eine größere Sache. Ron und Fritz – die ersten Märtyrer unserer Bewegung. Gedenken wir ihrer. Beten wir sie an. Sie, die nun auf alle Zeiten hier vor uns stehen in der Pracht ihrer fritierten Körper.

Ihr aber, gehet hin! Schnallt euch die Mobilfriteusen auf die Rücken und brecht auf, hinaus in die Welt! Es gibt viel zu fritieren. Werfen wir's ins Öl.

Das Kind mit dem Holzkopf

Karsten Karsdorf ist kein alter Wichser. Karsten Karsdorf ist ein Wichser im besten Alter. Eine Feststellung, die ihn nicht gestört hätte. Im Gegenteil: Hätte man ihm dies ins Gesicht gesagt, wäre ihm das gewiß recht gewesen. Es stimmte ja: Karsten Karsdorf tat nichts lieber als zu wichsen. Wichsen war sein Hobby. Sein einziges Hobby, auch wenn er nie darüber sprach.

Wichsen ist gesellschaftlich nicht gut beleumdet. Schnell wird man in eine schmierige Ecke gedrängt. Zu Unrecht, zumindest was Karsten Karsdorf anging. Er war mitnichten ein unansehnlicher Eigenbrötler, den eine halbwegs vernünftige Frau nicht einmal ihrem Heizungsableser vorgestellt hätte, sondern ein charmanter, bis auf das dünner werdende Haar durchaus ansehnlicher Mann Anfang dreißig.

Abgesehen von gewissen Macken, die der Beruf eines Diplomphilatelisten nun einmal mit sich brachte, war Karsten Karsdorf äußerst sympathisch. Man verzieh ihm gerne, daß er selten darauf verzichten konnte, über Briefmarken zu philosophieren. Auch schätzte er den Umgang mit Frauen. Zu einigen pflegte er sogar enge Freundschaften. Genausowenig entgingen ihm die Avancen, die ihm Karina Ingsheim machte.

Er hatte die junge wie erfolgreiche Rechtsanwältin einige Monate zuvor bei einem Treffen akademisch ausgebildeter Globalisierungsgegner kennengelernt und sich mit ihr seitdem des öfteren getroffen. Er schätzte ihre Art, ihre Intelligenz und ihre Schönheit, fürchtete sich aber vor eindeutigen Situationen, weil er auf keinen Fall intim mit ihr werden wollte. Da konnte sie noch so oft nach seiner Briefmarkensammlung fragen.

Seine erotischen Phantasien waren zwar prall gefüllt mit Frauenkörpern – und auch der von Karina hätte dort gut hineingepaßt –, doch er war der festen Überzeugung, daß ihm eine manuelle Erleichterung ein viel höheres Maß an sexueller Befriedigung verschaffen würde als die Verflechtung mit weiblichem Fleisch. Seine Umgebung vergessend, konnte er sich mittels Büchern, Filmen, Bildmaterial und gelegentlich auch per Internetchat stundenlang stimulieren lassen, bis er schließlich eine gewaltige Ejakulation eruptiv aus seinem steifen Glied schüttelte. Aufgrund seiner immensen Erregung wischte er die entlarvenden Samenfladen erst von den Dielen, wenn sie schon getrocknet waren. Ansonsten war Karsten Karsdorf ein sehr reinlicher Mensch. Um so mehr wunderte es ihn, wenn er in den Dielenritzen Holzsplitter und sogar klitzekleine Holzstückchen fand, die er dann aber achtlos dem Müll übergab. Er ahnte nicht einmal, was er da vernichtete.

Einen Splitter hatte er allerdings übersehen und auch nicht mit Staubsauger oder Besen erwischt, und der konnte so ungestört größer werden, bis Karsten Karsdorf eines Tages leise Geräusche vernahm, Geräusche, die den Lauten eines sehr kleinen Tieres ähnelten. Er dachte sich nicht viel dabei, schrieb sie am Ende den Vögeln im Hof zu, doch von Tag zu Tag nahmen sie zu und klangen immer mehr nach einem wimmernden Säugling.

Irritiert machte er sich auf die Suche und wurde überraschend unter dem Sofa fündig. Dort lag es, ein, ein ... Karsten Karsdorf wußte nicht, was es war, und wagte im ersten Moment auch nicht, es zu berühren, sah aber, wie sich dieses Etwas im Schatten des Möbels bewegte und eben jene Laute von sich gab.

Endlich überwand sich Karsten Karsdorf und griff danach. Er fühlte etwas Festes, zog es hervor und erschrak, sah dieses Etwas doch aus wie ein Holzklotz mit hölzernen Antennen, die sich unkoordiniert bewegten. Ein kleines Astloch veränderte seine Größe minimal und gab die gehörten Geräusche von sich. Wie erstarrt blickte Karsten Karsdorf lange und hilflos auf seinen Fund.

Nach und nach erkannte er darin menschliche Formen. Er sah aus wie ein nicht zu Ende geschnitztes Holzmännchen, aber eines, das lebte, ein unvollendeter Babypinocchio sozusagen. Das kleine Wesen rührte Karsten Karsdorf, und so bettete er es zunächst auf einem Kissen. Dann sprach er beschwichtigend auf das aufgeregt fuchtelnde Ding ein. Das zeitigte Wirkung. Der Klotz hielt inne, und Karsten Karsdorf glaubte, kleine Äuglein in der Maserung zu erkennen, die ihn nun anschauten, bis sich wieder das Astlöchlein vergrößerte und klägliche Laute von sich gab.

Laute, die Karsten Karsdorf als Ausdruck von Hunger verstand. Nur womit sollte er ein Holzstück füttern? Ratlos fuhr er mit einer Hand über den Fußboden. Vielleicht fand er ja etwas, wovon der Findling bislang gelebt hatte. Also tastete die Hand auch die Dielen unter dem Sofa ab und stieß dabei auf eine stumpfe Stelle. Angetrieben von einer gewissen Ahnung, rückte Karsten Karsdorf daraufhin das Möbel zur Seite und begriff bei Begutachtung des Fleckens tiefere Zusammenhänge. Ohne Zweifel eine ausgetrocknete Spermapfütze! Er konnte sich sogar daran erinnern, wie sie an diesen unmöglichen Ort gekommen war.

Vor Monaten war Karsten Karsdorf beim Onanieren in Ekstase geraten, schließlich in die Knie gegangen, um das Sofa sozusagen »in effigie« zu begatten. »In effigie« ist Latein und bedeutet nichts anderes, als daß Karsten Karsdorf eben doch manchmal einen Körper brauchte, um seine Lust daran auszulassen. Zur

Not tat es da auch ein Möbelstück. Genaugenommen hatte er gar nicht die Couch besamt, sondern den darunter schlummernden Fußboden beziehungsweise eine einzelne Diele, die ihm nun offenbar ein Kind geboren hatte.

Daß das total krank war, verstand selbst ein notorischer Wichser wie Karsten Karsdorf, dessen Hobby bekanntlich von vielen Sexualpraktikern als äußerst suspekt bis peinlich angesehen wurde. Wenn jedoch seine notorische Onanie ungeahnte Verbindungen mit Gegenständen nach sich zog und das theoretisch wieder und wieder passieren konnte, bis seine ganze Wohnung voll mit Wesen wäre, Wesen, halb Mensch, halb Möbel oder Buch oder Tapete oder Kugelschreiber oder eben Fußboden, Wesen, mit denen ihn eine eindeutige Verwandtschaft verband, sofern er sich fortan beim Wichsen nicht mit einem Kondom schützte – Fleckenaufwischen schien ja nicht auszureichen –, dann konnte er sich auch gleich mit einer richtigen Frau einlassen.

Das war zudem gesellschaftlich weitaus angesehener, als zukünftig gemeinsam mit einer Diele oder einem Spiegel zum Elternabend zu gehen. Kurz gesagt: Karsten Karsdorf erwies sich als äußerst feige. Hektisch sammelte er ein paar Sachen zusammen, stapelte seine Briefmarkenalben dazu, floh aus der Wohnung, floh zu Karina, die ihn überrascht, aber beglückt bei sich aufnahm, und das nicht bloß, um endlich einmal seine Briefmarken bestaunen zu dürfen.

Aus dem Wichser im besten Alter war ein Partner geworden. Karsten Karsdorf hatte die Onanie aufgegeben und begnügte sich fortan mit Geschlechtsverkehr, was gar nicht mal so schlecht war. Nur die Phantasie kam ihm dabei etwas zu kurz. Als anregend empfand er es dagegen schon. Und die Gesellschaft mit Karina war auch nicht zu unterschätzen. Alles schien letztlich gutgegangen zu sein. Karsten Karsdorf hatte sogar erfolgreich verdrängt, daß es da eine leerstehende Wohnung gab, deren Miete regelmäßig von seinem Konto abgebucht wurde.

Eines Tages öffnete Karina arglos die Tür. Aus dem Treppenhaus wurde sie grimmig angestarrt von einer dunkel furnierten Schrankwand. Weder Karina noch der aus der Küche tretende Karsten wagten zu fragen, wie es das sperrige Möbelstück bis in den dritten Stock geschafft hatte. Indes ahnte Karsten den Grund für den Besuch. Die Schrankwand war der Rechtsbeistand jener von ihm schnöde in Stich gelassenen Diele, der Mutter seines Kindes. Nun forderte sie – nicht zu Unrecht – die Zahlung von Alimente. Karina reagierte natürlich wie vor ein Holzbrett gestoßen. Der Mann, der behauptet hatte, sie sei nach der eigenen Hand seine erste Sexualpartnerin gewesen, war bereits Vater.

Es dauerte eine Weile, bis sie den Sachverhalt verstand. Die Vehemenz der Schrankwand wird einiges dazu beigetragen haben. Da Karina ihrerseits eine pfiffige Juristin war, vermied man einen öffentlichen Prozeß und söhnte sich lieber mit der Holzdiele aus. Karina war es auch, die Karsten Karsdorf anbot, mit ihm in seine Wohnung zurückzukehren und gemeinsam mit dem Fußboden das Kind großzuziehen, das trotz gewisser hölzerner Eigenschaften ein geachteter Staatsbürger wurde und es zum Stolz seiner drei Elternteile weit bringen sollte, wie in seiner dereinst erscheinenden Biographie »*Ein Holzkopf setzt sich durch*« ausführlich dargelegt werden wird.

In den ersten Jahren schaute ab und an die grimmige Schrankwand vorbei, aber bald war auch ihr klar, daß Karsten und Karina Karsdorf, die Diele Daniela und ihr gemeinsamer Sohn eine glückliche Patchworkfamilie bildeten. Nur Besuch luden sie nie ein, der wäre nachher noch auf Daniela herumgetrampelt.

Schinkenbrötchen oder Falafel

Was ißt ein Terrorist? Was nimmt er zu sich? Erkennt man Terroristen an ihrer Nahrung? Das wird jedenfalls angenommen. Fluggesellschaften müssen nicht nur Daten wie Ausweis- und Kreditkartennummern der Passagiere, sondern selbst deren Essenswünsche an amerikanische Sicherheitsstellen weiterleiten.

Das kam in den Nachrichten, und es ist gut, so etwas zu wissen, damit man sich nicht verdächtig macht, bestellt man im Flugzeug sein Essen. Bei Billigfliegern gab's das ja gar nicht. Dank der CIA bekommt man nun sogar dort was zu kauen. Da sitzt man gemütlich auf dem Holzsitz eines Schnäppchenfliegers nach – sagen wir – Waco in Texas, wohin man natürlich nur düst, weil es billiger ist als zu Hause zu bleiben, wegen der Gratisspeisen, und wird so knapp über den Wolken mit der komplizierten Frage konfrontiert, was man essen wolle: »Schinkenbrötchen oder Falafel?«

»Schinkenbrötchen oder Falafel?« stellt man darauf vielleicht fest. »Das sind ja seltsame Alternativen!«

»Schinken, das ist Schweinefleisch!« erklärt die Stewardeß geduldig. »Angehörigen gewisser Religionen ist der Konsum von Schweinen untersagt.«

»Juden?«

Auf diese Antwort ist die Stewardeß nicht vorbereitet. Sie guckt irritiert. Fragt, ob man etwas gegen Juden hätte.

»Nein, Gott bewahre!« beeilt man sich zu sagen. »Ich bin ja Deutscher, äh, und sowieso Vegetarier!«

»So fängt's immer an!« Die Augen der Stewardeß verengen sich. Mir, der ich an dieser Stelle das »man« mal personifiziere, ist die Situation unangenehm. Ich gebe vor, keinen Appetit zu haben.

»Sie müssen aber was bestellen!« kommt es fast barsch zurück. »Gerade von Leuten wie Ihnen wollen wir wissen, worauf sie Appetit haben: Schinkenbrötchen oder Falafel?«

»Na gut, dann halt Falafel!«

»Sie essen wohl kein Schweinefleisch, wie?!«

»Ich sagte doch, ich bin Vege-«, winke ich ab. Das heißt, ich würde gerne abwinken, aber im Moment meiner abgebrochenen Artikulation drückt mir wer von hinten den Kopf zur Brust. Jemand anderes zerrt mich aus der Reihe und wirft mich gen Gangfußboden. Man zerrt an meinen Armen, und ich spüre was Festes an den Handgelenken.

»So, das Schwein wird so schnell kein Flugzeug mehr entführen!« brummt eine Männerstimme. Es wird applaudiert. Das Schwein in mir überlegt, ob »Kichererbse« nicht ein besseres Schimpfwort für mich wäre.

»Könnten Sie, also wenn das möglich ist«, höre ich die Stimme der Stewardeß, »ihn irgendwo anders ...? Weil, unsere Schinkenbrötchenwagen stauen sich schon.«

»Aber natürlich«, antwortet man ihr, »ist irgendwo Platz, wo der Bratling nicht stört?«

»Der Bratling?« ächze ich.

»Was los, Bratwurst?« Eine Hand reißt meinen Kopf an den Haaren hoch, und erst als ich auf einen weiteren Diskussionsbeitrag verzichte, darf meine Nase wieder gegen den rauhen Bodenbelag detschen. Die Stewardeß schlägt indes das Cockpit als neuen Aufenthaltsort für mich vor. Meine beiden Bewacher helfen mir hoch und schubsen mich voran. Der Pilot ist einigermaßen erschrocken, als wir seine Kabine betreten.

»Keine Panik«, sagt einer meiner Begleiter. »Wir haben hier lediglich einen Terroristen.«

»Ach, und ich dachte fast ...« Der Pilot atmet auf und wendet sich wieder den Wolken zu.

»Nee, keine Sorge. Wir müßten ihn nur wo unterbringen.«

Der Pilot zeigt auf den Sessel links neben sich. »Der ist noch frei.«

»Haben Sie keinen Copiloten?«

»Ist wegrationalisiert worden. Wegen des Essens.«

Das ist ja mal eine sinnvolle Maßnahme. Dank der ich mich nun neu plazieren darf. Mit Plastikbändern werden meine Beine am Sitz fixiert. Anschließend fragen die Männer den Piloten, ob es okay wäre, wenn sie sich mal schnell was zu essen holen. Sie hätten gehört, hier gäbe es Falafel. Das wollten sie schon immer mal probieren.

»Ja ja«, der Pilot sagt, das sei okay. Er könne solange auf mich aufpassen, die Maschine fliege sowieso quasi von selber.

Dann sind wir beide allein. Ich habe noch nie vorne aus einem Flugzeug geguckt. Echt beeindruckend. »Wow!« entfährt es mir.

»Nicht übel, oder?« Der Pilot grinst. Ich frage ihn, ob er seinen Beruf liebt. Er bejaht. »Und Sie?« Er zwinkert mir zu. »Machen Sie das wegen der Jungfrauen?«

»Jungfrauen?«

Er fängt mit den legendären, im Jenseits lebenden Jungfrauen an. Ob das Jenseits bei Moslems auch Paradies genannt werde? Ich bedauere zutiefst, kein Moslem zu sein. Vor allem wegen der Jungfrauen.

»Wie? Sie sind kein Moslem?«

»Nein. Und ich bin nicht einmal Terrorist.«

»Ach so?« Der Pilot wirkt enttäuscht.

»Ich wollte lediglich kein Schinkenbrötchen, sondern Falafel.«

»Keine gute Wahl. Da ist Schlafmittel drin.«

Ich sage, das hätte er mal meinen Aufpassern sagen sollen.

»Oh!« Peinlich berührt meint der Pilot, er könne mich genauso gut den Sicherheitsbehörden übergeben.

Ich versuche, ihm klarzumachen, daß das gar nicht nötig ist.

»Ich bin ja bloß ein harmloser Tourist.«

»Und da fliegen Sie nach Waco?«

»Warum nicht? Sie fliegen ja auch dorthin.«

»Ich bin ja kein Terrorist.«

Dem folgt eine längere Diskussion über den Unterschied von Terroristen und Touristen, die ich aus Gründen der Unergiebigkeit nicht wiedergebe. Während der Pilot darauf beharrt, daß Touristen genauso destruktiv seien wie Terroristen, schalte ich auf Autodisput, indem ich in unregelmäßigen Abständen Widerworte äußere.

Das scheint den Piloten erst recht aufzuregen. Er fuchtelt und schimpft auf mich ein: »Letztlich ist es egal, ob Sie mit einer Pistole oder mit einer Kamera schießen!« Er ist so in Rage, daß er sich von seinem Steuerknüppel abwendet, um besser mit mir streiten zu können. Das Flugzeug beginnt zu schwanken.

Mit einem »Äh« verlasse ich den Autodisput und wage anzumerken, daß irgendwas mit dem Autopiloten nicht stimmt.

»Autopilot? Wieso Autopilot?!« keift der Pilot. »Glauben Sie, ich kann die Maschine nicht alleine steuern?«

»Na, Sie haben gesagt, das Ding fliege quasi von selber.«

»Sagt man doch so! Und ich bin ein guter Pilot. Seit über sechzig Jahren!« Jetzt, wo sein Gesicht dicht über mir ist, bemerke ich, wie alt der Pilot aussieht. Selbst sein Atem hat etwas leicht Leichiges. Ich frage deshalb, ob er so schlecht bezahlt würde und sich keinen Ruhestand leisten könne. Das empört ihn noch mehr. »Was fällt Ihnen ein! Ich liebe meinen Beruf! Ich zahle sogar dafür, ihn noch ausüben zu dürfen! Denken Sie, unsere Fluggesellschaft könnte sonst so billig sein?«

»Ähm, pardon, ich glaube, da vorne ...«

»Was?!« In diesem Moment faßt sich der Pilot an die Brust und sackt zusammen. Ich tippe auf Herzattacke, was in diesem Moment egal ist. Wir fliegen direkt auf die Freiheitsstatue zu. Und natürlich versuche ich, die Katastrophe zu verhindern. Würde ja jeder tun. Ist gar nicht so leicht mit den Händen hinterm Rücken gefesselt. Nach einigen Körperverrenkungen erreicht mein Mund den Steuerknüppel. Mir gelingt es schließlich, das Flugzeug herumzureißen, aber unerfahren, wie ich bin, steuere ich zu weit nach links, so daß ich wohl mit der Tragfläche oder womit auch immer gegen die metallische Madame krache. War wirklich keine Absicht. Ehrlich! Hinterher wird's trotzdem wieder heißen: »Falafelfresser attackiert unsere Freiheit.«

Wie ungerecht!

Meine eigene Heiligenlegende

Ich bin in einem unchristlichen Haushalt aufgewachsen, sofern man überhaupt von einem Haushalt sprechen kann. Mein Vater war eine Art Rockstar. Ein theoretischer Rockstar. Sein Leben entsprach allen gängigen Branchenklischees, leider fehlte der Starruhm. Das lag vor allem daran, daß mein Vater lediglich als Playbackdouble Ozzy Osbournes auftrat, aber irgendwann nicht mehr akzeptierte, im Schatten eines Originals zu leben. Fortan behauptete er, in Wahrheit auf dem Großteil aller *Black-Sabbath*- und Ozzy-Osbourne-Alben gesungen zu haben. Mit der Zeit war er sogar fest davon überzeugt. Zudem glaubte er, mehr Drogen zu vertragen als sein Vorbild. So verstarb er, noch bevor mich das Jugendamt seinen dürren, zerstochenen Armen entreißen konnte. Eine Mutter habe ich nicht, jedenfalls wußte nicht einmal mein Vater, wer mich geboren hat. Eines Tages soll ich auf seiner Fußmatte gelegen haben.

Er hat mich geliebt, durchaus. Ich war seine »Heilige Scheiße«. So nannte er mich meistens. Außerdem gab er sich viel Mühe, mir eine möglichst unchristliche Erziehung mitzugeben. Jeden Abend oder vielmehr, wenn er in der Lage war, sich zu artikulieren, las er mir aus der Bibel vor, allerdings rückwärts, wegen der satanischen Wahrheit. Das war mir auf Dauer zu anstrengend, weshalb ich heimlich lesen lernte. So kam es zu meiner ersten Enttäuschung. Mein Vater hatte mir all die Jahre gar nicht die Bibel, sondern das Telefonbuch verkündet. Bemüht darum, eine echte Bibel aufzutreiben, vergriff ich mich vor Aufregung im Regal und stahl statt dem Buch der Bücher eines mit Heiligenbiographien. Ja, ich stahl es, weil ich als Kind nicht wußte, daß man Dinge kaufte. Mein Vater ging mit mir stets einklauen.

Nun saß ich also in meinem Pappkarton und las begierig von den Leben der Heiligen, während mein Vater und seine Kumpels vor sich hingrunzten. Meistens war auch eine Frau dabei, von der sie alle was wollten und es nie bekamen. Die Frau war eine aufgeblasene Pute, die eines Tages vor Zorn platzte. Einer der Männer hatte seine Zigarette an ihrem Busen ausgedrückt. So lernte ich, wie man mit Frauen nicht umging, vor allem, wenn sie aus Plastik sind.

Im Grunde ahnte ich schon lange, daß mein Dasein dem eines Heiligen glich. Von der »Heiligen Scheiße« mal ganz abgesehen. Auch ich lebte in einem Umfeld aus Pestilenz und Mißachtung. Und obwohl ich nicht genau wußte, wer jetzt eigentlich dieser Herr Jesus war, mußte er deutlich mehr drauf haben als mein Vater und seine Freunde zusammen. Deshalb wollte ich unbedingt ein Heiliger werden und auf keinen Fall ein Rockstar. Da konnte mein Vater mir noch so oft Ozzy-Osbourne-Platten schenken, zumal es immer wieder die gleiche war, um nicht zu sagen dieselbe. Und kaum war der Alte an seinem Erbrochenen erstickt – ich habe ihm bis zum letzten Röcheln die Hand gehalten –, machte ich mich auf in Gottes weite Welt.

Mir war vollauf bewußt, es würde nicht leicht sein, heilig zu werden. Meistens stand das in direkter Verbindung mit immensem Schmerz. Man mußte in diesem Job schon so einiges ertragen, sich auspeitschen, auf Mühlräder binden, ertränken, grillen oder enthaupten lassen. Man hatte den französischen König zu krönen oder wenigstens Visionen zu haben. Und ehrlich – zu all dem verspürte ich nur wenig Lust. Zum Glück aber gab es auch Heilige, die aufgrund eines äußerst entbehrungsreichen Lebens in den Himmel befördert worden sind. Da war ich ja auf dem rechten Weg. Einen neuen Mönchsorden könnte ich ja wohl gerade noch gründen, und eine Ernährung mit Wurzeln und Moosen würde mir sicher leichtfallen. Oft genug war ich mit verschimmelter, vollgeaschter Pizza gefüttert worden. Ich brauchte also bloß ein paar willige Gefolgsleute.

Die waren rasch gefunden. Dachte ich zumindest. Lungerten da doch ein paar orientierungslos wirkende Jugendliche auf einem Spielplatz rum, der diese Bezeichnung nicht verdiente. Von einem müden Kassettenspieler ließen sie sich vollplärren mit Gesängen von Liebe und Vergeben, von einer aus Schäumen geborenen Insel, von in Träumen geborgenen Menschen. Froh darüber, sogleich auf meine Zielgruppe gestoßen zu sein, gesellte ich mich dazu und wurde erstaunlich skeptisch gemustert. Was ich denn wolle? Ob ich keine eigene Gang hätte?

Ich aber antwortete, sie seien dazu auserkoren, meine neue Gang zu sein, woraufhin ich die Erfahrung machen mußte, daß auch böse Menschen Liebeslieder hören. Diese verkommenen Jugendlichen wollten partout nichts wissen von einer höheren Berufung, nein, die wollten eher mal so richtig zutreten. Die sahen in mir keinen Heiligen. Für die war ich bloß ein willkommenes Opfer. Diese Kleingläubigen! Diese miesen Pisser! Wartet nur, dachte ich im Gewitter ihrer Turnschuhtritte, beim Jüngsten Gericht werde ich die Höchststrafe für euch fordern. Und weil ich vor lauter Pein kaum mehr richtig denken konnte, verlegte ich mich aufs Sprechen: »Ihr scheiff Feine, Gott fird euff in den Arff ficken! Ihr Feine, man fieht fiff immer feimal, iff iffff ...«

Dann war mir selbst die Lufft am fahnlofen Fprechen, pardon, die Lust am zahnlosen Sprechen vergangen, und ich hoffte, als Erde wiedergeboren zu werden. Doch Gott hatte ein Einsehen mit mir und schickte mir meinen Retter vorbei, den feigen Friedrich. Der die Zertramplung meiner Selbst mit eigenen Augen beobachten mußte. Sobald er sich sicher sein konnte, daß meine Peiniger fort waren, sammelte er mich auf – etwa zwei Tage später.

Der feige Friedrich war ein kleiner dicker Mönch, der mit drei anderen Mönchen in einem heruntergekommenen Kloster am Stadtrand hauste. Sie hatten ihren Glauben an Gott verloren, doch weil es leichter war, als Mönch ohne Gott zu leben als als Mensch ohne Geld, waren sie Mönche geblieben. Bloß beteten sie nicht mehr, und Singen war ihre Sache auch nicht länger. Von all dem konnte ich nichts ahnen – und es wäre mir ohnehin egal gewesen –, als sie meine gefundenen und geschundenen Körperreste wuschen und auf die Gästepritsche legten, um mich mit Brei aufzupäppeln. Ich war also auf dem besten Wege, als zahnloser Heiliger in die Kirchengeschichte einzugehen, fürchtete allerdings, es könnte nicht ausreichen, einmal von Schlager hörenden Schlägern zu heiligem Matsch zertreten worden zu sein. Da mir dies eine Mal jedoch genügte, wollte ich mich fortan um harmlosere Zeitgenossen kümmern – um den feigen Friedrich und um seine drei Brüder, den schwergläubigen Thomas, den perversen Stefan und um die lahmarschige Trixie. Okay, Trixie war kein Bruder, nur gab es keine gemischten Orden, und weil man nicht auf die monatliche Zuwendung des Vatikans verzichten wollte, verbarg Trixie ihre Weiblichkeit unter der Unisexkutte und hatte auch aufgehört, sich zu rasieren. Dies konnte ich gerade so akzeptieren, nicht aber, daß die Mönche dem Müßiggang anheimfielen. Als Kenner diverser Heiligenviten wußte ich, es würde mir nicht gut anstehen, hielte ich mich weiterhin in der Gesellschaft fressender, furzender, saufender PlayStation spielender Mönche auf. Von Trixie ganz zu schweigen. Eine fressende, furzende, saufende und PlayStation spielende Nonne war gewiß weitaus verdorbener. Fortan sah ich meine Mission darin, die Schwester und die drei Brüder zurück zu Gott zu führen.

Noch immer wußte ich nicht, weshalb Gott nun so toll war. Selbst in der Klosterbibliothek gab es keine Bibel, nur unzählige Lustige Taschenbücher, die eher weniger von Gott handelten. Aber einer, in dessen Namen so viele Menschen Schmerzen auf sich nahmen, mußte doch einfach ein klasse Kerl sein.

Zunächst stellte ich die Ernährung meiner Klostergenossen um. Entsorgte mittels Selbstaufopferung den Inhalt des Weinkellers und des Kühlschrankes bis hin zum letzten vergessenen Kanten. Kein leichtes Unterfangen für einen Zahnlosen. Ich sammelte Wurzeln und bittere Kräuter vom Wegesrand, aus denen ich einen wohlfeinen Brei braute. Sodann weckte ich die Gemeinschaft lange vor Sonnenaufgang, um mit ihnen zu beten, was sogar ganz gut klappte. Die vier waren viel zu müde, um sich ernsthaft zu widersetzen. Zur Belohnung durften sie sich mit frischen Dornenzweigen selbst kasteien, was keinem so recht gefiel, bis der perverse Stefan vorschlug, alle mögen doch lieber ihn auspeitschen und kratzen. Das führte zu einer ausgelassenen Folterstimmung, die ich unterbinden mußte. Der perverse Stefan stöhnte allzu lustvoll, und ich fürchtete, Gott könnte das mitbekommen.

Eilig servierte ich die Suppe, und obwohl es viel zu wenig war, blieb noch was fürs Abendessen übrig. An dem nahm ich gar nicht mehr teil, weil mir der Konvent unterbreitete, ich könne nicht länger bleiben. Ich brächte die Klosterruhe durcheinander. Was für eine Frechheit! Und alles, was ich dazu zu sagen in der Lage war, war: »Ihr Feine, ihr fafft ef nie inf Himmelffreiff!«

Kurz darauf stand ich vor der Tür, ohne Zähne, ohne Gefolgsleute und ohne Aussicht auf Heiligsprechung. Und Gott erlöste mich, holte mich ab mit einem großen Tanklastzug. Den hatte ich gar nicht kommen sehen. Die Wagen des Herrn sind schneller, als man glaubt. Und ich war dann nicht mehr. Der Rest fand ohne mich statt.

Bis hierhin. Denn heute bin ich auferstanden. Wie alle anderen. Das ist so am letzten Tag der Menschheit. Die einen kommen ins Paradies und der Rest ins Höllenfeuer. Als ich so meinen Kopf aus der aufbrechenden Erde stecke, sehe ich schon überall nackte Menschen umherirren. Alle müssen sich vom Erzengel Michael die Seele wiegen lassen, und alle hoffen, daß ihre guten Taten mehr Gewicht haben als die vielen kleinen Sünden. Ist ja auch doof: Da liegst du bis in alle Ewigkeit tot herum, und dann ist endlich Apokalypse, und dir geht es noch schlechter als zuvor.

Ich aber muß feststellen, daß ich an diesem Tag total verkopft bin. Mehr ist nicht. Und allein mit 'm Kopf kommste nicht weit. Na ja, immerhin besser, als wäre nur der Arsch übrig. Glücklicherweise schwirrt bald ein Engel vorbei, den ich auf mein Problem ansprechen kann. Und der schaut in eine Liste. »Ja ja«, sagt er mit sanfter Stimme, mein Reliquien lägen ziemlich weit verteilt in der ganzen Welt. Das sei eben das Problem extrem beliebter Heiliger. Ich solle mich jedoch nicht sorgen, man werde mir beim Einsammeln behilflich sein.

Weg isser. Und ich, besser: mein Kopf liegt so rum und wartet. Ein beliebter Heiliger? Ich bin überrascht, kann mich an nichts erinnern, was das rechtfertigen würde. Aber ich komme kaum dazu, in meinen Erinnerungen zu kramen, als schon die ersten Nackten auf mich zukrauchen. Ob sie das richtig gehört hätten?

»Du kamst mir gleich so bekannt vor«, sagt jemand, »mein Leben lang hab ich immer zu dir gebetet, dir stets frische Kerzen entfacht. Du mußt mir helfen!«

»Nein«, ruft ein anderer, »hilf mir!«

»Leg bitte ein gutes Wort ein für mich«, sagt eine Frau, die meinen Kopf aufhebt und mich freundlich anlächelt. Aber sogleich entreißt man mich ihren Händen. Ein einziges Zerren und Ziehen setzt ein. Mein Schädel fliegt durch die Luft und detscht schließlich auf den Boden. Autsch.

»Was ist hier los?« Einige Engel bahnen sich den Weg durch die

Menge der armen Sünder. Sie werfen diverse Gliedmaßen vor mir ab und fangen an, mich zusammenzusetzen. Bald habe ich wieder einen Unterkörper und zwei Arme, leider nur ein Bein, dafür aber fünf Füße und zehn Hände mit insgesamt einhundertdrei Fingern. Da scheint was nicht zu stimmen. Die Engel erklären mir das mit dem regen Reliquienhandel, den meine Jünger nach meinem Märtyrertod aufgezogen hätten.

Jünger? Märtyrertod? Ich scheine einiges verpaßt zu haben. Und wahrscheinlich kann ich darüber sogar ganz froh sein, so wie es derzeit um mich herum jammert und wimmert.

Ich bin also ein Heiliger. Von meiner Fürsprache kann es abhängen, welche Tür zur Ewigkeit sich jemandem öffnet.

Plötzlich wird es grell. Da steht er also. Das muß er sein. Gottvater persönlich. Ich bin beeindruckt, jedenfalls solange ich nichts erkennen kann vor lauter Glanz. Und dann sehe ich ihn. Er gleicht meinem Vater. Oder doch Ozzy Osbourne? Ich bin mir nicht sicher. Ernst spricht er mit dröhnender Stimme: »Du bist ein Heiliger? Aussehen tust du ja wie einer, so mit deinen fünf Füßen und zehn Händen. Was hast du denn so gemacht?«

»Ich? Nun. Ich …«

»Erspar mir die Details, sag mir bloß die Seitenzahl.«

»Was für 'ne Seitenzahl?«

»Na, im Heiligenlexikon!«

»Heiligenlexikon?«

Ein Engel reicht mir ein dickes Buch. Ich schlage es auf und blättere darin herum. Aber das sieht ja aus, das ist bloß ein Telefonbuch!

»Ich«, stammle ich, »da steh ich doch gar nicht, bestimmt nicht drin.«

»Dann konnte dich ja auch niemand anrufen!« Gott heißt einen Engel, mir das Telefonbuch zu entreißen, und wendet sich zum Gehen. »Wie hat's der Tropf bloß zum Heiligen gebracht?« Gott wackelt mit dem mächtigen Haupt.

»Der feige Friedrich!« rufe ich. »Der schwergläubige Thomas! Der perverse Stefan! Die lahmarschige Trixie!«

»Wer soll das sein?« Der Herr hält inne.

»Meine Jünger natürlich!«

»Deine Jünger!« Gott lacht schallend. So schallend, daß der Himmel bebt. Dann verschwindet er und mit ihm die Sünder und Engel, die mir auch noch die zusammengesammelten Gliedmaßen abreißen und wieder einstecken. So liege ich, oder besser: so liegt mein Kopf im Schlamm der Apokalypse. Auf einmal höre ich Stimmen. Umdrehen kann ich mich nicht, dann aber sehe ich über mir ein paar langhaarige Männer. »Ah, hier steckst du!« Sie scheinen recht ungehalten zu sein ob meiner Körperlosigkeit. Wo sie mich so dringend bräuchten, als Fürsprecher. Ich bedauere, schließlich bin ich gar kein Heiliger. »Und ob du ein Heiliger bist!« motzen sie. »So wahr wir deine Jünger sind! «

»Meine Jünger?« Erst jetzt erkenne ich sie. Oh, nein! Das sind die Halbstarken, die mich einst auf diesem Spielplatz verkloppt haben. »Der Blödmann hat alles vermasselt«, murrt der Anführer, »alle Mühe umsonst.«

»Und dafür haben wir damals diesen Sattelschlepper geklaut und mußten hinterher in den Knast?«

»Du dämliches Arschloch!« Das letzte, was ich sehe, ist ein Schuh, und der kickt mich weit in alle Ewigkeit.

ZUGABE

Dichter als Goethe

Wie konnt das passieren,
wo ist mein Verstand,
der so nach zwölf Bieren
klammheimlich verschwand?

Hat mich sitzengelassen,
ganz ohne ein Wort,
und ich muß nun passen,
mein Reim ging auch flöten.

Ich wär gern dichter als Goethe,
näher dran noch als Gott.
Das, was sich mir böte,
wär andrer Leute Bankrott.

Und ich sitz benommen
an Tisch Nummer acht.
Der Wirt ist gekommen,
hat die Rechnung gebracht.

Da ist noch was offen,
viel Bier und 'n paar Klare.
In mir schreit's betroffen
nach 'nem Platz auf 'ner Bahre.

Bin ich dichter als Goethe,
bin ich ferner als Gott.
Für all meine Nöte
ernt ich nur andrer Leute Spott.

Dreiunddreißig Pils, fünf Korn und acht Tequila
und ein Kinderteller Pinocchio.
Dreiunddreißig Pils, fünf Korn und acht Tequila
und ein Kinderteller Pinocchio.
Dreiunddreißig Pils, fünf Korn und acht Tequila,
das wird nicht besser, wenn man's ständig repetiert.
Dreiunddreißig Pils, fünf Korn und acht Tequila ...
Wurde mir das wirklich alles heute serviert?

Ich wär gern dichter als Goethe,
näher dran noch als Gott.
Das, was sich mir böte,
wär andrer Leute Bankrott.

Bin ich dichter als Goethe,
bin ich ferner als Gott.
Für all meine Nöte
ernt ich nur andrer Leute Spott.

Nachweise

Die hier versammelten Geschichten sind für den Vortrag auf Berliner Lesebühnen geschrieben worden. Die meisten erlebten ihre Premiere bei der Randkulturveranstaltung *Dichter als Goethe*. Einige von ihnen sind bereits veröffentlicht, so auch in insgesamt drei die oben genannte Veranstaltung begleitenden Heftchen. Für dieses Buch wurden sie gründlich überarbeitet.

Die Texte *Ich will keine Familie, ich will bloß ein Kind*, *Oder wohnst du schon?*, *Betrugsversuch*, *Freizeit ist bloß ein anderes Wort für unbezahlte Mehrarbeit* und *Es liegt was in der Luft* wurden zuerst gedruckt in der Zeitschrift *Salbader*. Letzterer ist außerdem abgedruckt in Volker Surmanns Anthologie *Macht Sex Spaß?* (Satyr). *Sei laut. Sei im Weg. Sei nicht von hier.* wurde ursprünglich für das von Moritz Kienast herausgegebene Buch *I Hate Berlin* (Lübbe Ehrenwirth) verfaßt, *Ich bin nicht cool, ich war schon immer so* für Sebastian Lehmanns und Volker Surmanns Sammelband *Lost in Gentrification* (Satyr). *Kindererziehung ist ein Chapter für sich* erschien in der *Titanic*.